Thedy Van Goy
Lassen Sie auch denken?

Thedy Van Goy

Lassen Sie auch denken?

Rediroma-Verlag

Bibliografische Information der Deutschen Nationalbibliothek:
Die Deutsche Nationalbibliothek verzeichnet diese Publikation in der Deutschen Nationalbibliografie; detaillierte bibliografische Daten sind im Internet über http://dnb.ddb.de abrufbar.

ISBN 978-3-96103-087-3

www.rediroma-verlag.de
7,95 Euro (D)

Inhalt

Aus Gründen der besseren Lesbarkeit ist mit der männlichen Form immer auch die weibliche Form mitgemeint!

Wer sich's leisten kann, der lässt heute denken Wir schaffen das **für Sie,** meint die Kanzlerin

Eine wahre Satire von Thedy Van Goy

Natürlich ist es anstrengend, selbst denken zu müssen, das wissen wir alle. Dagegen stehen Ihnen jedoch reiche Angebote zur Auswahl, die Ihnen diese Anstrengung gerne abnehmen. Vielleicht in einer Loge der Freimaurer, wo das Vordenken allerdings sehr kostspielig wird. Natürlich tut's manchmal auch nur die Mitgliedschaft in der CDU, der Mitgliedsbeitrag wäre denn da geradezu ein Schnäppchen. Dafür haben Sie zu diesen günstigen Konditionen erst noch eine ganze Heerschar von Vordenkern. Lesen Sie sich also Ihren persönlichen Vordenker aus, natürlich darf es auch eine Vordenkerin sein, bei der CDU wäre das dann sogar die Staatschefin persönlich – was für eine Ehre. Aber die Welt wäre zu langweilig, wenn sich die Vordenker auf diese beiden gewählten Beispiele beschränken würden.

Nein – natürlich nicht, Sie haben die Qual der Wahl. Ohne auch nur im Geringsten den Anspruch der Vollständigkeit in Anspruch zu nehmen, hier haben Sie eine Liste von vierzig Möglichkeiten, welche Ihnen als Vordenker dienen könnten:

Wichtig ist nun, dass Sie der Gruppierung Ihrer Wahl absolut treu sind. Nur schon der zaghafte Versuch etwa Gedankengut der Konkurrenz in Ihr Gedanken-Portefeuille mitaufzunehmen, führt unweigerlich zum Überlegen oder am Ende gar zum Denken und damit zu unnötigen Anstrengungen. Überlassen Sie das besser den wenigen und Ewiggestrigen! Sie haben das nicht nötig – heute lässt man denken!

Die Verkehrsgesetzgeber

Ja, hier überlassen sehr viele das Denken den Spezialisten – eigentlich müssten alle die am Verkehrsgeschehen teilnehmen dies sogar von Gesetzeswegen tun. Es gibt viele Spezialisten in diesem Metier, sehr viele sogar. Jeder, der am Verkehrsgeschehen teilnimmt, kann dies problemlos feststellen. Der Wald an Tafeln, Schildern und Hinweisen links und rechts am Straßenrand befehlen uns laufend ultimativ, was wie und wo zu tun ist. Man nimmt uns also das Denken ab. Wer zudem motorisiert am Verkehrsgeschehen teilnimmt, muss sogar an einer Prüfung beweisen, ob er alle Vorschriften richtig auswendig gelernt hat. Nur wenn er diese Prüfung besteht, darf er am Verkehr teilnehmen. Ob er ein verantwortungsvoller Mensch mit gutem Charakter ist und ob er selbstständig Denken kann wird jedoch nicht geprüft – warum auch? – Der Verkehrsgesetzgeber nimmt ihm das ab. Nun ist das Abnehmen des Denkens für die Spezialisten gar nicht einfach. Nehmen wir ein innerstädtisches Straßenstück. Die Spezialisten beurteilen die Situation, denken für uns nach und gehen von einem Worst-Case-Szenario aus. Also wenn die Sicht wegen Schneefall ganz schlecht ist, viele Kinder mit dem Fahrrad unterwegs sind und der Straßenverlauf unübersichtlich ist, dann muss Tempo 40 eingehalten werden. So wird den Verkehrsteilnehmern per Signalisation das Denken abgenommen und befohlen, was er zu tun hat. Der gut erzogene Nichtdenker fährt nun diskussionslos exakt 40 – basta! Ein noch selbstdenkender Verkehrsteilnehmer aber fährt vielleicht sogar Schritttempo, weil die Verhältnisse äußerst prekär sind. Es herrscht aber nicht immer Worst-Case-Szenario. So fährt ein Selbstdenker auch mal mit Tempo 60, weil die Verhältnisse dies problemlos zulassen, nur die Verkehrspolizisten, welche selten einmal hinter den Hecken lauern, lassen dies nicht zu. Natürlich verstecken sich die Polizisten dann hinter Hecken, wenn Tempo 60 eigentlich machbar wäre, und nicht in Momenten, wo Schritttempo angesagt wäre, weil da keine lohnenden Einnahmen zu erwarten sind. Dabei ist das Bußgeld für Verkehrsteilnehmer in Deutschland erträglich – es lohnt sich hier also, noch selbst zu denken. Nehmen wir als Vergleich die Schweiz, wo die Selbstdenker immer seltener werden und die Polizisten hinter den Hecken sich vermehren wie die Kaninchen. Zudem sind die Bußgelder hier auf einer Höhe, welche das Selberdenken zunehmend zum Luxusgut machen.

Die Moral von der Geschichte ist aber:

Wer höchst verantwortungsvoll die ganze Aufmerksamkeit auf die Verkehrs-, Witterungs- und Straßenverhältnisse ausrichtet und sich diesen Verhältnissen professionell und routiniert laufend anpasst, fährt sicher und vor allem unfallfrei! Dafür füllt er hin und wieder die Staatskasse mit Bußgeld. Es handelt sich also um einen äußerst nützlichen Homosapiens. Natürlich verzichtet er dabei darauf, sich von den tausenden, meistens unnötigen Schildern links und rechts am Straßenrand ablenken zu lassen.

Wer aber verursacht dann täglich die tausenden von Verkehrsunfällen in Europa?

Richtig, es sind die Verkehrsteilnehmer, welche denken lassen. Sie schenken nun ihre ganze Aufmerksamkeit dem Schilderwald links und rechts vom Straßenrand. Dass sie dabei nicht auch noch aufmerksam die Straßen-, Verkehrs- und Witterungsverhältnisse beobachten können, ist verständlich, schließlich sind Teilnehmer, die denken lassen, auch keine Übermenschen. Dies führt unweigerlich zu nachvollziehbaren Unfällen, welche leider manchmal sogar Menschenleben kosten, dafür aber ganz bestimmt kein Bußgeld. Mitmenschen also, die bei der Polizei nicht besonders beliebt sind. Böse Zungen behaupten sogar, die Unbeliebtheit sei auf den fehlenden Eingang von Bußgeld zurückzuführen – eine Unterstellung! Natürlich hat die Unbeliebtheit seine Wurzel bei den tödlichen Unfällen.

Seien Sie also ein Konservativer und kehren jenseits der Mainstreet wieder zum Selbstdenken zurück. So machen Sie sich bei der Polizei als Kassenfüller beliebt und verursachen zukünftig keine Unfälle mehr. Es lohnt sich! Die Einsparungen an Spengler-Kosten machen die Verkehrsbußen zum Peanuts! Die Spengler wiederum müssten sich wohl umschulen lassen, oder sie verlegen ihre Tätigkeit in die Schweiz, wo sie sich am besten auf die Herstellung von blitzenden Blechkästen spezialisieren. Mindestens so lange, wie es noch freie Plätze am Straßenrand für das Verstecken von Blechpolizisten hat. Natürlich sollten Sie nun als Querdenker den ADAC verlassen und sich einer entsprechenden Partei anschließen, vielleicht der

AfD als neue Volkspartei.

Interessant ist hier, dass mit alternativem Gedankengut versucht wird, verkrustete Denkhaltungen in Deutschland zu ändern. Also einfach neue Vordenker? Kann ich der AfD beitreten und zukünftig stellvertretend denken lassen? Ja, natürlich, Alexander Gauland und Co. wird das Denken für Sie gerne übernehmen. Nur tun das alle anderen Parteien ebenfalls schon seit Generationen. Wo kann ich demnach richtig vordenken lassen? So weiß man bei der AfD, dass der muslimische Glauben sich grundsätzlich den Staat als Untertan der einzigen wahren Religion vorstellt. Ein Gottesstaat eben – der Koran wird zum Grundgesetz. Da hätte die AfD eigentlich Recht. Wenn man die Mutter-Staaten des Islam wie Saudi Arabien, Iran, Irak, Pakistan bis hin zur Türkei als Vorbild nimmt, ja dann wäre das so. Nun ist aber die BRD mit Bestimmtheit eine westliche Demokratie vor einem christlichen Hintergrund. Die hier lebende Minderheit der Muslime ist demnach bezüglich westlichen Kulturdenkens vorläufig kein bedrohender Faktor. Im Westen werden allerdings die noch selbst denkenden Mitbürger immer weniger, während die vordenkenden Imame zunehmen. Da ist ein freier und demokratischer Staat zwingend auf jeden einzelnen mitwirkenden und selbstdenkenden Bürger angewiesen! Heute für viele Bürger zu anstrengend – man leistet sich ja sonst nichts, also lässt man denken.

Wir leben in einer freiheitlichen Demokratie und schützen kompromisslos die Glaubens- und Religionsfreiheit. Ja, so ist das, aber wer sind *„wir"* – ist das das Volk? Nein, eben nicht! Unter *„wir"* verstehen wir die Mehrheit des Volkes, was schon die tausenden von Mitbürgern beweisen, welche als Minderheit den Islam hier abschaffen möchten. Wir haben also einen funktionierenden demokratischen Staat, auf den wir glauben, stolz sein zu dürfen. Da sind wir ausgerechnet auf eine Philosophie stolz, in der Mehrheiten, wenn auch nicht heute und morgen, aber allenfalls übermorgen auch wechseln können – eben weil viele denken lassen!

Unser Denkhorizont ist schon nach drei Generationen nur noch verschwommen wahrnehmbar, nach vier und mehr Generationen verlieren wir bereits das Interesse, uns noch mehr anzustrengen, um den Horizont zu erkennen, obwohl genau das bitter nötig wäre. Wenn auch noch mit Unsicherheiten, wir sind in der Lage, eine demografische Hochrechnung auf, sagen wir einmal knapp zweihundert Jahre einigermaßen verlässlich zu machen. Dazu benötigen wir Daten über die aktuelle Geburtsfreudigkeit bei den Frauen, der Struktur von Familien und der Größenordnung der Einwanderer heute und auch abschätzend für die Zukunft sowie Berechnungen über Lebens-Trends und über die Zusammenstellungen und Verhaltensweisen der allgemeinen Gesellschaft.

Jetzt bitte nicht erschrecken, aber ausnahmsweise einmal mitdenken und mitrechnen. Im Jahr 2200 wird die Mehrheit der Bürger in Deutschland aus Muslimen bestehen und die Frage stellt sich, ob wir (unter wir ist hier noch die abendländische Kultur zu verstehen) immer noch so stolz auf unsere Demokratie sein werden, wenn die Muezzins allgemein und völlig demokratisch dazu aufrufen, man soll doch an der Volksabstimmung zur Neuorientierung der BRD zu einem Gottesstaat ein „JA“ in die Urne werfen. Natürlich wird dann auch die neue Bundeskanzlerin in züchtiger Kopfbedeckung am TV ihre Bürger dazu aufrufen den Rat der Muezzins nicht nur jetzt zu befolgen, sondern auch in Zukunft nicht mehr altmodische demokratische Regeln zu befolgen, sondern einfach zu machen, was der Obermufti jeweils befiehlt.

Nein, der Autor will nun ganz bestimmt nicht für Sie denken. Gedanken über eine allfällige Vermeidung der gerade erwähnten Entwicklung kommen aber schon auf. Sollen Muslime vom demokratischen Prozess ausgeschlossen werden? Brrrrr, solche Überlegungen sind verboten und müssten braunem Gedankengut zugeschrieben werden. Solche Vordenker wünscht sich niemand zurück.

So kennen wir nun mal mit hoher Wahrscheinlichkeit die Mehrheitsverhältnisse im Jahre 2200, dabei wissen wir aber nicht, wie einmal die Mehrheit in der BRD, also die Muslime, hier anlässlich einer Volksabstimmung denken oder denken lassen werden. Diese Muslime inklusive Bundeskanzlerin leben ja noch gar nicht! Es wäre aber segensreich, wenn diese zukünftigen Generationen überlegen, was für sie gut oder schlecht sein könnte. Das selbst Denken müsste wieder in Mode kommen. Wie in der Bekleidungsbranche kommen alte Zuschnitte immer wieder zurück in Mode. Denken lassen wäre dann eben definitiv out – aber heute sind wir noch nicht so weit – ist auch nicht nötig. Bis zum Jahr 2200 bleibt noch Zeit!

Gell, Herr Böhmermann?

Der geradezu klassische Vordenker. Er gibt sich intellektuell und glaubt humorvoll zu sein. Humor ist „in“ und aktuell, wer Humor hat, ist dabei. Stimmt natürlich, wer findet schon humorlose Menschen sympathisch? Böhmermann als Satiriker?

Was ist ein Satiriker?

Das sagt der Duden:

Betreiber einer Kunstgattung (Literatur, Karikatur, Film), die durch Übertreibung, Ironie und [beißenden] Spott an Personen, Ereignissen Kritik übt, sie der Lächerlichkeit preisgibt, Zustände anprangert, mit scharfem Witz geißelt.

Kunst leitet sich von Können ab. Es ist schwierig zu beurteilen, ob ein Zeitgenosse sein Metier beherrscht, also ein Könner und allenfalls ein Künstler ist. Auf jeden Fall aber, darf er in einer freien Gesellschaft „Können". Karikieren ist erlaubt, ja erwünscht und endlich auch eine Gattung der Kunst.

Böhmermann denkt also für uns und verwendet dabei das Mittel der Satire. Dies macht er, indem er versucht, sein Können in ein Gedicht einzupacken. Die Betonung liegt dabei im Wort „Versuch"! Viele von uns erinnern sich noch an die Grundschulzeit. Hier wurden wir aufgefordert Erlebnisse mannigfaltiger Art schriftlich in Aufsatzform oder in Gedichtform zu schildern. Diese Werke wurden in der Folge vom Lehrer begutachtet. Nun, wenn alle können und demnach alles Kunst ist, was in dieser Welt literarisch verbrochen wird, dann hätten wohl damals alle Aufsätze mit einer glatten EINS bewertet werden müssen. Wider besseres Wissen vermutet der Autor trotzdem, dass das damalige Böhmermännchen jeweils wohl eher eine SECHS geschrieben hat (diese Sechser könnten bei Böhmermann eventuell auch nachgewirkt haben und ihn im Erwachsenstadium eine Phobie Richtung „SEX-ER" eingebracht haben).

Wenn man die Wortwahl von Böhmermann betrachtet, schüttelt man den Kopf, weil man ihn schlicht nicht versteht oder man hat schon Vor-Erfahrungen gesammelt, indem man eine grauenhafte Spelunke besucht hat. Wer dort die Ausdrucksweise einiger Gäste wahrnimmt, erschrickt. Da wird eine Fäkalsprache gesprochen, welche an Primitivität und Dummheit nicht mehr zu überbieten ist. Es löst bei uns ein Brechreiz aus und wir erbarmen uns vor so viel überschäumender Dummheit. Als witzig werden diese Ausdrücke mit Sicherheit nicht aufgenommen, auch wenn die offensichtlich Allerdümmsten in der Umgebung nun beginnen, doof vor sich her zu grinsen.

Nun, Böhmermann übernimmt da das Denken für uns. Er bringt uns bei, dass das Gehörte eben Kunst sei. Satire also, welche Zustände in einem fremden Land anprangert, welche mit beißendem Spott kritisiert werden müssten. Man erinnert sich da gerne der Kindheit, als man einem anderen Jungen unkontrolliert eine Unmenge beliebiger Schmutzworte nachrief, ganz einfach weil man sich elend, machtlos und unterlegen fühlte und sich dabei selbstfühlend erst noch im Unrecht befand. Man wusste sich in der Verzweiflung einfach nicht mehr anders zu helfen. Nur Böhmermann ist kein Kind mehr.

Das sogenannte Gedicht:

- Ob es Kunst ist wenn er einen Präsidenten als sackdoof, feige und verklemmt bezeichnet, ist fraglich. Ob es wahr ist wohl erst recht, aber sicher ist es überzeichnet und damit als Satire natürlich zulässig.

- Ein Gelöt (Werk einer Heiß-Lötung) stinkt nicht und hat hier nur weil es sich mit Döner reimt gar nichts zu suchen.

- Ob Döner gut schmeckt oder stinkt, hat nichts mit der Politik der Türkei oder dessen Präsidenten zu tun und ist demnach nur primitiv und dabei sicher weder satirisch noch ist es gar Kunst.

- Es ist fraglich, ob Böhmermann weiß, wie ein Schweinefurz riecht. Sicher aber kann ein Furz nicht „dön" (schön) riechen, auch wenn sich das Wort auf Döner reimt. Anfänger-Fehler! – Oder künstlerische Freiheit?

- Offenbar kennt Böhmermann die Sexualpraktiken des Präsidenten und weiß, dass er „Sado-Maso" liebt und betreibt. Na und – was geht ihn das an? Schließlich interessiert es uns auch nicht, ob der Böhmermann überhaupt und wenn doch, mit wem er im Bett rammelt.

- Nun soll der Präsident Ziegen ficken – dies ist nun einfach meilenweit fern von Kunst oder Satire und nur noch primitiv.

- Den Vorwurf an den Präsidenten, dass er Minderheiten wie Schwule unterdrückt, ist nicht bewiesen, aber in einer Satire natürlich zugelassen.

- Nun soll der Präsident Kinderpornos „genießen" – hat er das wohl zusammen mit Böhmermann getan oder wie sonst kann Böhmermann das wissen? Oder hat am Ende der Präsident das Material von Böhmermann erhalten?

- Fellatio mit hundert Schafen. Da lässt Böhmermann offen, ob der Präsident die Penisse von hundert Schafsböcken gelutscht hat – was relativ schwierig ist, oder ob hundert Schafe den präsidialen Penis genossen haben – geht ja wohl auch schlecht, weil der Präsident gemäß Böhmermann einen sehr kleinen Penis haben soll – woher kennt Böhmermann eigentlich schon wieder den Penis vom Präsidenten? Jeder Kommentar ist überflüssig, tiefer kann das Niveau nun kaum mehr sinken?

- Und ob! Der Präsident soll also Schrumpel-Hoden haben? Nun auch wenn sich flöten auf Klöten reimt – die zwei runden Dinger heißen auf Niederländisch Kloten, was immer den Plural bereits einschließt! – Fremdwörter sind halt Glückssache, in der Kunst wären aber passende Wortspiele zulässig.

- Als dumme Sau bezeichnet Böhmermann den Präsidenten – allerdings nur dumme Menschen wissen nicht, dass Schweine alles andere als dumm sind.

- Ob der Präsident allenfalls schwul ist, ist allein seine Sache und geht Böhmermann gar nichts an und hat in seiner Schmähschrift den Anstrich der Diskriminierung von Schwulen als Minderheiten. Böhmermann macht damit genau das, was er dem Präsidenten der Türkei vorwirft.

- Mit pervers, verlaust und zoophil wiederholt sich Böhmermann dann nochmals auf das Primitivste. Dafür sind ihm dann die Kleinen im Kindergarten dankbar, welche das unangenehme Lausproblem kennenlernen müssen und nun dank Böhmermann wissen, wo sie sich einordnen dürfen.

- Recep Fritzl Priklopil – Den Präsidenten willkürlich mit schweren Verbrechern, die Ihre eigenen Töchter auf das Brutalste seelisch und sexuell missbraucht haben, zu vergleichen, ist einfach nur geschmacklos und sehr weit weg von Satire

- Leere Hoden mit einem leeren Kopf zu vergleichen ist sehr gewöhnungsbedürftig und wohl kaum noch als Kunst aufzufassen. Hier kommt der Verdacht auf, dass der Satiriker selbst mit seinen Hoden denkt, was scheint's bei Männern hin und wieder vorkommen soll?

- Gangbang-Feier? Ja, was nun, Herr Böhmermann? Der Präsident soll also mit leeren Hoden und kleinem Penis an Sexorgien mitmachen bis ihm das Schwänzchen brennt – spricht da der (Penis-)Neid aus Böhmermann?

- PS – lieber Herr Böhmermann. Für die nächste Gedichts Übung: „Böhmermann reimt sich ideal mit Dönermann!" Was wohl zu weit vom Gedankengut Böhmermanns entfernt liegt? Es fällt auf, dass der Gedichtsautor allenfalls unter einer Zwangsneurose leidet, welche sich im Gebiet von schmutzigem, perversem und sexistischem Gedankengut bewegt. Also Böhmermann, keine Gedichte mehr schreiben und sich dafür in eine psychiatrisch Klinik begeben – vielleicht kann man Ihnen dort noch helfen, schließlich konnten dort auch schon kleinwüchsige Menschen davon befreit werden, dass sie nicht Napoleon sind.

Auch hier, machen Sie sich Ihr eigenes Bild. Natürlich können Sie Böhmermann für sich Denken lassen, was natürlich bedingen würde, dass

1. Böhmermann überhaupt denken kann und
2. das Sie sich im Gebiet der Fäkal-Erotik wie ein Fisch im Wasser frisch und munter fühlen.

Aus Gründen Ihrer eigenen Sicherheit übernehmen Sie hier wohl besser vorübergehend selbst das Denken. Als Alternative können Sie es dann ja einmal mit

der CSU

versuchen. Auch bei dieser Gruppierung können Sie gerne Denken lassen. Hier überlegt man sich zurzeit eine Umbenennung des Parteikürzels CS<u>U</u> auf CS<u>H</u>.

CSH also **C**hristlicher **S**eehofer **H**orst.

Ein Vordenker von besonderer Güte und christlicher Gesinnung, wem letzteres speziell wichtig erscheint. Diese Gesinnung muss dabei bei Ihnen eigentlich im Vordergrund stehen, stellt doch diese Partei das christliche Gedankengut ganz an den Anfang aller Aktivitäten, wie das die PEGIDA (Patriotische Europäer gegen die Islamisierung des Abendlandes) auch tut. Aber nein, wenn Sie die CSU für sich denken lassen, dann interessieren Sie sich weniger für gesamteuropäische Philosophien wie bei der PEGIDA, vielmehr liegt Ihnen der Freistaat Bayern am Herzen. Die PEGIDA als Vordenker werden wir deshalb später gesondert behandeln. Die Bundesrepublik besteht aus 16 souveränen Ländern, wobei der Freistaat Bayern besonders freiheitsliebend ist und erst noch ganz im Südosten der BRD situiert ist, also Ländern wie Syrien, Afghanistan, Irak und Iran am nächsten liegt. Da ist es nur logisch, dass in den Norden flüchtende Menschen aus den erwähnten Ländern natürlich zuerst einmal in Bayern an die Haustüre vom Horst klopfen und ihn um Einlass bitten. Dabei müssen diese eigentlich gar nicht um Einlass bitten, sie wurden doch aus den 500 Kilometern nördlicher gelegenem Berlin bereits herzlich eingeladen. Der Horst aus dem Freistaat ist aber der Meinung, dass doch die Angela in Berlin nicht als Gastgeberin für Bayern auftreten könne. Wenn hier jemand einlade, dann müsste das doch der Horst tun. Wie es nun auch immer sei, die Gäste aus dem Orient sind gläubige Muslime und glauben der Berliner Kanzlerin natürlich dass sie herzlich will-kommen sind und kommen in der Folge auch, schließlich ist man gut erzogen und brüskiert einen Gastgeber nicht. Die Flüchtlinge wollen aber in die BRD, dass sie sich dabei mindestens vorübergehend in Bayern aufhalten müssen, interessiert diese dann weniger. Den Horst aber schon. Was ist, wenn die muslimischen Gäste zu sündigen beginnen und nun dem Weißbier frönen oder sich dann sogar dem Starkbier zuwenden? Die armen Schlucker verfügen schließlich nicht über die nötigen Mittel, sodass man Ihnen wohl Freibier, nebst freier Unterkunft und freier Verpflegung anbieten müsste. Etwas viel für Horsts Freistaat. Das Dilemma liegt wohl in der Tatsache, dass die Kanzlerin schon 1977 heiratete und sich wohl nicht mehr daran erinnert, wie man seinerzeit bei der Einladung zur Hochzeitsfeier vorgegangen ist. Dabei sollte sich gerade die Angela daran erinnern wie hart das Leben damals in der DDR war und ob man es sich leisten könne, die Hochzeitsgäste zu Linsensuppe und Bier einzuladen? Man hatte damals zuerst eine Liste erstellt, auf der man alle, die man beiderseits kannte, aufführte und in der Folge erschrak. Ja, das geht aber nicht, der Hochzeitssaal platzt so aus allen Nähten und im Geldbeutel gähnt erst noch eine abgrundtiefe Leere. Also wurde eben wieder fleißig gestrichen, Angela kam sich mit dem Ulrich Merkel in die Haare, die zwei stellten zeitweise sogar den Heiratswillen wieder in Frage, bis man sich schlussendlich auf eine vernünftige und finanzierbare Anzahl Gäste zusammen raufte. Ja, so machte man das damals, liebe Angela, heute musst du eben mit dem Horst zusammensitzen, sich dann in die Haare kommen, schließlich am Sinn der ganzen Aktion zweifeln, jetzt denken und rechnen und dann verwundert feststellen, dass wenn man alle auf der Liste herzlich einlädt, die Sache in die Millionen geht. Da platzt der BRD-Saal aber aus allen Nähten und die Staatskasse gähnt abgrundtief. Nur leider lässt sich heute nichts mehr streichen, die Gäste sind nun mal zum großen Teil schon da, so wie sie eben auch alle herzlich eingeladen wurden. Niemand wundert sich deshalb heute, dass der Haussegen zwischen der Angela und dem Horst schief hängt und guter Rat teuer ist, sehr teuer, sogar drei Milliarden teuer! Aber da lassen wir dann lieber später den Präsidenten Erdogan für uns denken und verlegen uns bis dann zur ehemaligen Freundin von Horst, nämlich der Gastgeberin von Millionen von Flüchtlingen, also der

CDU

bzw. zur Kanzlerin. Prominenter kann man dann wirklich nicht mehr denken lassen. Unsere Angela-Horst-Metapher steht nun schief im Raum, wenn wir Angela als ehemalige Freundin von Horst bezeichnen, das wäre sie heute nämlich tatsächlich, wenn die zwei geheiratet hätten, haben sie aber nur in der Metapher, so müssen wir die Bezeichnung „ehemalige Freundin“ besser auf ehemalige Parteifreundin korrigieren. Natürlich können wir die Problematik Angela contra Horst nicht gleichzeitig behandeln, weil uns das beim Denken lassen in den ganz zu Anfang erwähnten Zwiespalt treiben würde, also entweder denken wir wie Horst? – oder dann eben wie Angela? Vergleichen wir deshalb die CDU besser mit einem Unternehmen, dessen Generaldirektorin Angela heißt, während die Tochtergesellschaft in Bayern vom Direktor Horst geführt wird. Die abertausenden von Mitarbeitern wären so bildlich die mehr oder weniger treuen Wähler. Ein Groß-Konzern ohne Generaldirektor käme wohl in stürmischen Zeiten gehörig ins Schlingern, untergehen müsste das Schiff deswegen aber noch nicht, schließlich gibt es noch die Matrosen, die jetzt eben selbst denken müssten. Ein Ozeanriese ganz ohne Matrosen könnte aber weder der Horst noch die Angela vor dem Sturm und damit vor dem Untergang retten. Nun, Liebende wie Hassende passen gut zusammen, schließlich sagt der Volksmund: „Was sich neckt, das liebt sich". Die zwei klassischen Figuren sind aber in beide Ausrichtungen oft blind. Und blind müssen die zwei sein, weil sie nicht sehen, dass täglich eine große Anzahl von Matrosen über die Reling in die Fluten springen – mit Schwimmwesten ausgerüstet – Lebensmüde sind die Matrosen noch nicht, haben aber das Vertrauen in die Admiralität verloren. Nicht blind sind dabei die zwei Kapitäne der Kutter „PEGIDA" und „AfD". Dessen Besatzung fischt die schwimmenden armen Schlucker aus der stürmischen See und verspricht den in Not geratenen, dass man sie zum rettenden Ufer bringen würde. Auch wenn die ins Meer geplatschten im eiskalten Wasser vorübergehend wohl das Denken wieder selbst übernehmen mussten – Gott sei Dank nur kurz – die neuen Kapitäne übernehmen das nun für die Geretteten. Die Matrosen können also wieder denken lassen!

Vorerst aber versucht die Admiralität den Ozeanriesen mit immer weniger Matrosen dennoch auf Kurs zu halten – schwierig! Die aufgefischten Matrosen aber sind keine Landratten und heuern nun bei den beiden Kutter-Kapitänen an. Im Umfeld von eingeweihten Reeder-Kreisen wird gemunkelt, die beiden Kutterkapitäne ließen heimlich bereits eigene Großschiffe bauen.

Jetzt wird Denken schon wieder teuer. Es muss etwas passieren, bevor der letzte Matrose vom Schiff gesprungen ist. Dabei wäre es einfach, wenn das Vertrauen der Matrosen zurückgewonnen werden will, braucht es auf den zwei Ozeanriesen „CDU“ und „CSU“ neue Kapitäne, welche überzeugender vordenken können. Aber auch das Schiff

PEGIDA

schlingert, man findet immer wieder neue Passagiere, oder soll man besser sagen Marinesoldaten. Das Schiff PEGIDA wird nämlich, wo es auch immer aufkreuzt, von anders denkenden Bootsleuten, welche sich das Denken nicht abnehmen lassen wollen, angegriffen.

Wer war schon einmal in der Türkei, in Ägypten oder in Marokko? Der ist auf viele liebenswerte und gastfreundliche Menschen getroffen. Er muss aber auch vorsichtig sein, wenn er als Tourist gut erkennbar auftritt. Vor allem in der Nähe von Moscheen kann es gefährlich werden. Selbst in züchtiger Kleidung erkennt man ihn als fremd und bringt ihm als Nichtmuslim nicht unbedingt Sympathie, manchmal sogar Hass entgegen. Das sollte man verstehen, weil diese Menschen einer völlig anderen und fremden Kultur sich durch uns bedroht fühlen. Selbst die

Kampfflugzeuge der Amerikaner, welche ja nur gegen den IS fliegen, werden von diesen harmlosen Muslimen als persönliche Bedrohung empfunden. Radikale Muslime im Westen ängstigen sich dabei um ihre eigene Kultur, welche sie durch die Gepflogenheiten des Westens als Bedrohung auffassen. Eine private Sittenpolizei wird in deutschen Großstädten organisiert, welche eingreift, wenn ein Benehmen angetroffen wird, welches nicht ins Weltbild eines braven Muslims passt. Das Ganze kann man am nächsten Tag ausführlich und gut dokumentiert in der Zeitung wiederfinden. Da wird dann der Eindruck erweckt, man lasse die Muslimische-Privatpolizei einfach so gewähren – das macht jetzt bei den einheimischen Bürgern Angst – zum Glück rennen nicht gleich alle Verängstigten zur PEGIDA – einige aber schon. Dort können sie nun, wenn ihnen solche Erscheinungen Angst machen, zukünftig denken lassen – mindestens glauben sie das.

Die Angelegenheit wird aber zum Problem – kaum finden sich die Verängstigten im Kreise der PEGIDA, stellen sie fest, dass man da nicht unbedingt so vordenkt, wie sie das erwartet hätten. Von außen gesehen wirft man ihnen nun Rechtsradikalismus und dessen Gedankengut vor. Ist jemand, der Angst davor hat, in Zukunft nicht mehr unbehelligt und gemütlich in seiner Kneipe sein alkoholhaltiges Bier trinken zu können, ein Rechtsradikaler? Aber es gibt sie, die Radikalen, und erst noch reichlich, auf allen Seiten und in allen Schattierungen. Also wer sich der PEGIDA anschließen will, muss sich gleichzeitig dazu entschließen, wieder selbst in seiner Schattierung zu denken, auch wenn das nicht allen Mitgliedern passt, vor allem Lutz Bachmann, dem Vordenker, nicht! Auf jeden Fall eignet sich die PEGIDA nicht als Vordenker – zu vielfältig ist das interne Gedankengut in diesen Kreisen. Vielfältiges Gedankengut? Das wäre dann ja die Rückkehr zum eigenen

Denken. Das überrascht. Wären am Ende viel mehr solcher PEGIDAs die Lösung? Nein, weil gerade die Vielzahl der Meinungen zum Austritt aufruft und damit eine neue Schicht von noch selbstdenkenden Menschen geboren ist. Der verbleibende eher kleine Rest an Rechtsradikalen mit einfachstem Gedankengut kann dann bei PEGIDA denken lassen und gleichzeitig ihr großes Feindbild am Leben erhalten:

Die SPD nämlich

Nur ist das große Feindbild der SPD gar nicht so groß, wie das in diesen Kreisen vermutet wird. Wer also die SPD zusammen mit den Gewerkschaften für sich denken lassen will, bekundet Mühe, wenn er als internationaler Arbeiter dauernd auf irgendwelchen Airports sitzen bleibt, weil gerade wieder einmal sehr gut verdienendes Flugpersonal zu faul zum Arbeiten ist und den arbeitenden und zahlenden Kunden daran hindert, seinen verdienten Feierabend zusammen mit seiner Familie zu genießen. Das Ganze dann schön orchestriert durch die Kreise der SPD. Wundert das irgendjemanden, wenn diese Gruppe an Schwindsucht leidet, weil die Mitdenker sie massenweise verlassen. Wie könnte man dann bei der SPD wieder Sympathisanten finden, welche wie früher von der Partei vordenken lassen? Ja, früher, als nur die Bonzen mit blitzendem schwarzen Blech durch die leeren Straßen kreuzten und sich vom einfachen Fußvolk beneiden ließen, ja, da war man um protestierende und vordenkende Genossen froh. Heute aber, seit der Einführung der Massenindustrie, stottern inzwischen alle einfachen Arbeiter stolz ihren eigen geleasten VW-Schlitten ab. Auch wenn inzwischen die spezifisch betroffene Industrie kriminell geworden ist, hält man trotzdem weiter treu zu den Milliarden

Verlusten generierenden Aufsichtsräten und gönnt ihnen von Herzen die paar läppischen Euro-Milliönchen, welche sie sich bescheiden als Bonus auszahlen lassen. Wer hier das Selberdenken noch nicht abgegeben hat und feststellt, dass die Bonusmillionen für die Kriminellen schließlich von der Arbeiterschaft des Konzerns malocht wurden, müsste sich nun eigentlich bei der SPD-Führung umsehen, ob da noch einer ist, der für sie vor denkt. Aber Volkswagen-Fahrer sind eben dankbar und lassen sich als Sympathisanten der erwähnten Schichten gerne vorführen. Einfacher Protest-Genosse möchte man da nicht mehr sein. Da ist das Fußvolk der CDU dann durchaus vergleichbar, weil in Bankenkreisen, welche bekanntlich dieser Partei nahestehen, ebenfalls kriminelle Geschäfte an der Tagesordnung sind, ohne dass an der Basis Skrupel aufkommen. Tröstlich ist aber durchaus, dass bei beiden großen klassischen Parteien die Schwindsucht herrscht – es scheinen immer mehr Mitglieder wieder reuig zum Selbstdenken zurückzukehren. Nicht alle, einige wechseln einfach den Vordenker, zum Beispiel …

den FCB (Bayern-München)

Natürlich kleidet man sich jetzt komplett neu in rot-blau ein, man gönnt sich ja sonst nichts! Und schon weiß man jeweils jedes zweite Wochenende, was ansteht. Der Besuch der Arena und danach am Sonntag das Weißbier im Englischen Garten. So einfach kann das Leben sein und dann erst noch so erfolgreich: „Mia san Mia". Und so gewinnen „mia" dann auch jedes Wochenende. Verlieren? – Was ist das? Das Denken kann man eigentlich ganz abschalten und sich einfach nur freuen – herrlich! Natürlich steckt hinter dem Ganzen ein fieser Trick – das Ziel lautet: „Nicht Denken lassen, sondern Denken am besten gleich abstellen“! So fließen dann Woche für Woche Unmengen an Euro in die Vereinskasse. Nicht nur durch die Eintrittskarten, diese Einnahmen dienen dann eher zur Bestückung der Portokasse, nein, da wären die Werbeeinnahmen, mia kaufen natürlich brav was an den Werbebanden in der Arena angeboten wird oder was auf den Trikots von „uns“ steht. Die TV-Übertragungen der Auswärtsspiele, auf die mia nicht verzichten wollen, bringen weitere Millionen. Nur – hat da irgendwer einmal gesagt, Sport sei gesund und vor allem spannend? Gesund ist er sicher, der Sport – wenigstens an den Heimspielen, wo mia 90 Minuten hüpfen und singen – super! An den Auswärtsspielen kann sich der Körper wieder erholen. Chips und Bier auf dem Sofa stärken uns wieder vor dem TV-Apparat. Aber um was geht es hier eigentlich? Um den spannenden Kampf um den Deutschen Meistertitel natürlich. Eine der begehrtesten Trophäen der Moderne. 18 Teams kämpfen verbissen um die Meisterschaft, eben um diese Trophäe. Wer sie gewinnt, weiß aber inzwischen der letzte Kuli in Hinterindien schon zum Voraus: „MIA“ natürlich. Schön für die Bayern, aber wo bleibt die Spannung? Die TV-Leute sollen doch lieber die „Boccia-Meisterschaft“ übertragen, da ist Spannung drin und man weiß nicht im Voraus, wer gewinnt – aber oh je, das bringt keine Kohle! So kaufen sich die Bayern eben weiter die 18 besten Fußballer Europas plus den besten Trainer für X-Millionen ein und gewinnen so Woche für Woche vor X-tausend vor Spannung zitternden Zuschauern jedes Spiel! MIA sind eben MIA – wenden wir uns deshalb wieder echten Vordenkern zu, nämlich

dem Bund der Salafisten,

auf Arabisch Salafiyya genannt. Diese Gruppe kann als ultrakonservative Strömung innerhalb des Islam angesehen werden. Ihre geistige Rückbesinnung auf die „Altvorderen“ (auf Arabisch Salaf = Vorfahre oder Vorgänger) steht hier im Vordergrund. Die meisten sind Sunniten und vertreten den Ur-Islam aus Saudi-Arabien.

Da haben Sie richtig gelesen „ULTRA-KONSERVATIV“ Hier dürfen Sie noch laut darüber nachdenken (nur laut – denken sollen Sie aber eigentlich nicht!) ob es angebracht ist, die mit unbedecktem Gesicht flirtende Frau Gemahlin einmal tüchtig zu verprügeln. Das tut ihr und dem Islam dann gut. Inzwischen am ganzen Körper grün und blau, bedeckt sich die Liebste dann sicher wieder gerne!

Irgendwie kommt einem das bekannt vor? Da müssen Sie sich doch nicht so exotische Vordenker hinzu ziehen. Da genügen gewisse ultrakonservative Gruppierungen aus Kreisen der Katholiken oder Protestanten. So können Sie nun Ihre Ehefrau ebenfalls verprügeln, wenn sie sich tatsächlich erdreiste, allein in den Ausgang zu gehen. Und in der Folge vermummt sich Ihre Ehefrau wegen der Nachbarn ganz von alleine, ohne dass sie eine Muslima ist. Nach der Prügelei können Sie so in ihre gewohnte Kirche gehen und dem lieben Gott danken, dass er Ihnen so viel männliche Kraft geschenkt hat. Sie ersparen sich so auch den Gang in die Moschee, wo Sie sich dann auf den Boden werfen müssten, wer weiß, was man da nicht alles auflesen könnte? Nach Ihrem Dankeschön in der Kirche oder der Moschee werden Sie aber leider weder von Allah noch vom lieben Gotte ein „Bitte, bitte, ist gern geschehen“ vernehmen – die zwei sind zu beschäftigt. Wie schon angesprochen wenden wir uns nun den anderen Vordenkern,

den christlichen Kirchen zu.

Das Vordenken ist hier je nach Einkommen nicht mehr ganz so billig! Die Kirchensteuer wird progressiv einkassiert. Mitmachen ist allerdings auch weitgehend eine Altersfrage. Wer hin und wieder auf Besuch in einem Seniorenwohnheim weilt, kann leicht feststellen, dass mit den alten Leuten gesprochen wird, als wären die Insassen im Kindergartenalter. Das macht manchmal Sinn, sind eben alte Menschen oft nicht mehr so schnell von Begriff, was an kleine Kinder erinnert. Genau die gleichen Alten finden sich dann sonntags in der Kirche wieder ein. Wenn man die Kinder, welche zum Kirchgang gezwungen werden, in Abzug bringt, dürfte das Durchschnittsalter der Besucher zwischen 80 und 100 liegen. Jetzt brauchen wir einen Vordenker auf der Kanzel, welcher diese Strukturen berücksichtigen kann. Die Jungen muss der Pfarrer in seine Überlegungen nicht mehr einbeziehen, weil diese, sobald man sie nicht mehr zum Kirchgang zwingen kann, so oder so nicht mehr erscheinen. So spricht man eben mit dem wirklich noch interessierten Publikum auf der passenden Kindergarten-Ebene. Dazu können gewisse Pfarrherren die Jungen als Inhaltsobjekt der Predigt verwenden. Der zweifelhafte Lebensstil dieser Generation bietet reichhaltigen Stoff, um den Blutdruck der Alten in Schwung zu halten, dabei macht die Einnahme von Beta-Blockern erst dann so richtig Sinn. Wenn Sie nun zwischen 80 und 100 Jahre jung sind und zustimmend nicken, wenn der Vordenker auf der Kanzel jeden Sex, der nicht direkt der Zeugung von Kindern dient, vehement ablehnt, bzw. nur dann dazu rät, wenn die Vereinigung der zwei verheirateten zukünftigen Eltern auf keinen Fall auch noch dem Vergnügen dienen soll. Natürlich übernimmt der Pfarrer sogar dann das Denken für die Betroffenen, wenn die soeben

erwähnten Tugenden danebengegangen sind. Anlässlich der Beichte können Sie dann eindrücklich bereuen, dass Sie fleischliche Gelüste hatten, und schon nimmt Ihnen der Pfarrer stellvertretend für den lieben Gott Ihr schlechtes Gewissen wieder ab. Am besten geht man aber sparsam mit der Anzahl Abbitten um, die soeben platzierte Lüge bezüglich der echten Reue kann man dann beim nächsten Mal vorbringen. Man sollte den Wagen aber nicht überspannen. Fleißige Sünder sehen sich deshalb am besten gleich nach mehreren Pfarrherren um. Unsere Sünder sollten ja beim nächsten Beichtgang noch die Lüge der Vorwoche bereuen – aber was ist, wenn zwischenzeitlich bereits wieder fleischliche Gelüste aufgekommen sind, ohne dass ein Kinderwunsch absehbar war? Nun, Kirchen sind dicht gesät, führen Sie aber genau Buch, was Sie jeweils bei wem noch zu bereuen haben.
Geneigte Leser werden sich jetzt allerdings fragen, welche Kirchgänger sich vom Herr Pfarrer denn hier dienlich vordenken lassen können. Bei einem Durchschnittsalter zwischen 80 bis 100 Jahren dürften sich die praktisch vollbrachten fleischlichen Rammeleien in Grenzen halten. Hier bereuen dann die Alten eher, dass sie nicht mehr sündigen können – etwas langweilig und erst noch schwierig handelbar für den Pfarrer. Da wären dann aber noch die Kinder, welche zwangsweise auf der Kirchenbank sitzen. Da muss der Pfarrer hoffentlich noch keine solchen Abbitten entgegennehmen. Es bleiben dem Geistlichen nur gerade einige langweilige Schokoriegel-Laden-Diebstähle. Aber bitte nicht verzagen! Als Zielpublikum zur Beichte kommt dann das Hauptpublikum doch noch in Frage. Auch wenn das Volkslied aus dem 16. Jahrhundert signalisiert:

Die Gedanken sind frei, wer kann sie erraten,
sie fliegen vorbei, wie nächtliche Schatten.
Kein Mensch kann sie wissen, kein Jäger erschießen.
Es bleibet dabei: Die Gedanken sind frei.

Das Lied stammt vermutlich aus dem Jahr 1780

Dass Gedanken frei seien, stellt für die Vordenker der Kirche, welche wohl eher noch im 14. Jahrhundert zuhause sind, eine gesellschaftliche Ultra-Modernisierung dar, der man nicht einfach so schnell und unkritisch folgt. Unsere Alten-Generation aber, welche jahrgangsbedingt und je nach Bekanntenkreis, so alle zwei Wochen an einer feierlichen Abdankung teilnehmen muss, weigert sich dann gelegentlich den vordenkenden Pfarrherren zu folgen. Das führt sie dann im Nachgang zur Beichte, anlässlich der man darum abbittet, dass man sündhafte Gedanken hatte. Vielleicht ist dem geneigten Leser schon aufgefallen, dass die Alten während der Abdankung hin und wieder versteckt schmunzeln. In diesem Moment lassen sie nicht denken, nein jetzt denken sie eben frei: „Ja, ja, lieber Franz habe eine gute Reise ins Jenseits; besser du als ich – ha, ha!“

Wir müssen wohl feststellen, dass sich die Christlichen Kirchen nicht besonders gut als Vordenker eignen, wenden wir uns also besser den …

Grünen zu,

welche wir beinahe vergessen hätten. Sie sollen für uns bezüglich eines umweltfreundlichen Verhaltens als Vordenker dienen. Wenn man aber die Grünen für einem denken lässt, sollte man vorzugsweise ein Linker sein – politisch eher rechts denkende Menschen sind nämlich:

A) Immer umweltverschmutzende Zeitgenossen und
B) Nicht an der Erhaltung der Natur interessiert.

Diese rechts orientierten Menschen haben wir aber schon vordenken lassen, so dass wir uns besser voll und ganz den seriösen Anliegen zuwenden. Wer grün vordenken lässt, ist zum Beispiel gegen Flugplätze. Diese machen Lärm und verschmutzen die Luft. Zum Glück nehmen gründenkende Zeitgenossen immer mehr zu. Im jährlichen Urlaub auf Mallorca ist man dann unter sich und kann als ruhesuchender deutscher Grüner massenweise Genossen antreffen, welche sich an der erfrischenden Brise die feine und reine Luft Mallorcas zu Gemüte führen. In klimatisierten Luxusbussen trifft man sich auf der Inselrundfahrt, wo man unter Genossen kräftig über Ausbaupläne von Airports wettern kann. Natürlich sind einem auch die Zeitgenossen ein Dorn im Auge, welche die Frechheit haben sich einen privaten PKW zu mieten, um in der Folge mit einer Inselrundfahrt die Luft zu verpesten – statt den mit Feinstaubfilter ausgerüsteten Luxusbus zu benützen. Schließlich kann man sich, wenn man mit dem Bus unterwegs ist, mit literweise extra aus Deutschland eingeflogenem Bier die Lampe füllen, ohne sich dabei strafbar zu machen; dafür aber entsprechend unbeliebt. Bei einheimischen Umweltsündern zum Beispiel, welche die Hauswände mit Chemikalien verschmieren: „Tourist go home", lautet da die Aufforderung. Das tun die Grünen aber vorläufig nicht – so weit kommt es noch! Touristen, welche nahe des PMI (Flughafen von **P**alma de **M**allorca – **I**nternational) ihren wohlverdienten Urlaub verbringen, kann man allerdings nicht mehr helfen! Das müssen Rechtsradikale sein, welche sich die kerosingeschwängerte Luft des Flughafens als Droge einziehen und sich dabei noch an den brummend landenden Maschinen erfreuen, welche wieder eine Ladung Grüne auf die Insel bringt. Für solches Gesindel, gemeint sind natürlich nur die Rechtsradikalen, will man dann als Grüner nicht auch noch vordenken. Dafür wäre eine schmerzende Abgabe auf Co2 produzierende Motoren dringend notwendig. Das kostet und trifft dann vor allem den Konsumenten, auf den die Abgabe abgewälzt wird. Die abertausenden von grünen Haushalten, die mit ihren Budgets bereits am Limit stehen, wüssten sich aber durchaus zu helfen. Dann fährt man als Grüner eben einmal kurz mit dem 3-Liter-Offroader die 50 Km zum nächsten Lidl oder Aldi, wo man den steigenden Preisen ein Schnippchen schlagen kann – Ätsch. Wer hier vordenken lässt, darf sich durchaus auf weitere kreative Vordenker-Initiativen freuen!

Ganz am Anfang, im Zusammenhang mit den nach Deutschland drängenden Flüchtlingen wurde der Name …

Recep Tayyip Erdoğan

erwähnt. Auch ein Vordenker und erst noch ein interessanter! Gut, ein Freund vom Vordenker Böhmermann ist er nicht gerade. Dafür bringt die Vordenkerin Angela dann mehr Sympathie für den Präsidenten auf. Wer sich Gedanken über den Krieg im Nahen-Osten macht, kommt am Präsidenten der Türkei nicht vorbei – nicht, dass er direkt der Verantwortliche für die Kriegstragödie wäre – einer der wichtigsten Staatsverantwortlichen in der Region ist er aber durchaus. Wer in der Kultur des Abendlandes verwurzelt ist und überzeugt ist, dass diese Denkphilosophie den Nabel der Welt darstellt und damit die einzig richtige Denkweise ist, der sollte um Himmelswillen nicht Herr Erdogan als Vordenker wählen, er wird ihn nie verstehen. Verstehen müsste er da schon mehr die Kultur des Orient. Wer wissen will, wie man da tickt, braucht vorerst einen minimalen Horizont an Eigen-Denk-Vermögen und dann auch einiges an persönlichen Erfahrungen mit den Menschen vor Ort. Nicht als Tourist im 5-Stern Etablissement, weil er da das gesamte abendländische Kulturgut gleich mit in den Orient zügelt, sodass er in seinem Luxus-Ressort vor Ort die westlich verankerten Tugenden weiter für ihn denken lassen kann.

Einen großen Stellenwert hat natürlich der Islam im Orient. Die Menschen, auch ein Erdogan, wachsen in diesem Umfeld auf und kennen vorerst nichts anderes. Das tägliche Leben ist stark durch hierarchisches Denken und aus der Sichtweise des Westens von übertriebenem Respekt vor der Obrigkeit geprägt. Übrigens nicht nur im Einflussbereich des islamischen Glaubens, nein, man findet gleiches Denken auch in den Bereichen der orthodoxen Kirchen. Ein Respekt also, der sich im Abendland zunehmend marginalisiert. Respekt vor einer Persönlichkeit? – Lächerlich, ja wo käme man da hin, denkt man im Westen! Da hat Herr Böhmermann schon für uns vorausgedacht – Respekt vor einem Staatsmann? Nein, im Westen kann man einfach alles in die Pfanne hauen, was einem gerade nicht passt – ungestraft natürlich – schließlich sind wir frei! – und gefangen vom Glauben, alles sei erlaubt und erst noch die einzig richtige Werthaltung. Westliche Denkphilosophien findet man bei, großzügig gerechnet, ungefähr zwei bis drei Milliarden Menschen. Die anderen drei bis vier Milliarden Menschen ticken da natürlich falsch, sind zu dumm, um zu checken, was richtig und gescheit ist. Nun, das westlich orientierte Denken der Gewinnorientierung, der Optimierung von Prozessen, koste es, was es wolle, hat uns tatsächlich scheinbar einen gewissen Wohlstand gebracht und uns gleichzeitig die höchsten Selbstmordraten der Welt beschert. Da gab es in Russland, einem der mächtigsten Staaten der Welt, drei junge Gören, die sich Pussy-Riot nannten, die noch grün hinter den Ohren waren, aber glaubten, weil schließlich im Westen alles erlaubt sei, könne man auch den Staatschef von einem der mächtigsten Ländern der Welt in aller Öffentlichkeit einfach auf das übelste und primitivste beschimpfen und beleidigen. Nun, der Herr Putin tickt da tatsächlich etwas anders, er gehört eben zu den 3 bis 4 Milliarden dummen Menschen, welche sich das nicht bieten lassen. „Packt die Gören und steckt sie für eine gewisse Zeit in Gefängnis bei Wasser und Brot, damit sie Zeit haben sich zu überlegen, was Anstand und Respekt vor einem Staatschef ist!“, befiehlt er. Das würde eben auch ein Herr Erdogan tun, der gleich tickt und auch den 3 bis 4 Milliarden zugehört. Da hat der Herr Böhmermann aber Glück gehabt, dass er nicht in der Türkei lebt, er dürfte schon längst Wasser und Brot genießen und könnte seine Denkhaltung überprüfen. Die Türkei aber ist tatsächlich im Wandel, der Luxus des Westens, das sture Planen von absoluter Gewinnorientierung und das Optimieren von Prozessen imponiert vielen jungen Menschen. Frei sein, einfach machen, was man gerade will, ohne Rücksicht auf die Befindlichkeit anderer, ist doch herrlich – nein, geil, würde da der Böhmermann sagen.

Einen großen Anteil an diesem Phänomen des teilweisen Irrglaubens von jungen Menschen in der Türkei haben das Internet, die Sozial-Medien und die westliche Werbung, der es erfolgreich gelingt nicht Selbst-Denkende zu verblenden. Die Demokratie will man in der Türkei lernen und versteht sie dann völlig falsch. Demokratie bedeutet vor allem Respekt (schon wieder dieses blöde und altmodische Wort) vor den Minderheiten und Rücksichtnahme auf anderes Gedankengut. Nur so funktioniert sie. Wer demnach als konservativer Zeitgenosse den Herr Erdogan als Vordenker auswählen will, muss ja nicht unbedingt und uneingeschränkt das gesamte Gedankengut kritiklos übernehmen. Es genügt, wenn er den Respekt vor anderen Denkhaltungen wahrt. Dann ist er frei, sein Denkvorbild zu wählen – gell, Herr Böhmermann! Was aber haben nun noch die enormen Kosten von € 3‘000‘000‘000.00 mit Herrn Erdogan zu tun? In erster Linie bekommt er diese 3000 Millionen bald, zum großen Teil von der Angela! Im Südosten der Türkei leben nämlich diese Lümmel von Erdogan-Anhänger welche schon seit bald zehn Jahren bis jetzt völlig selbstlos Millionen vom Krieg geflüchtete Menschen fürsorglich aufnehmen, sie mit ihren bescheidenen Mitteln betreuen, verpflegen und ihnen Unterkunft gewähren. Dies alles ist von dem Tyrannen Erdogan befohlen. Helft, sagt er, schränkt euch ein und teilt das weige, das ihr habt mit den Brüdern aus Syrien, befielt der Diktator. Dass da ein Böhmermann ausflippt ob so viel unverfrorenem Einmischens in die Angelegenheiten von fremden Flüchtlingen, ist ja nur logisch!

Die riesigen Aufnahmelager an der Türkisch-Syrischen Grenze bieten etwas Schutz vor dem Krieg in Syrien. Gerade ein paradiesischer Aufenthaltsort ist es dann aber auch nicht. Am TV können die im Lager darbenden Menschen dann eindrücklich sehen, in welchem kriegsfreien

Luxus die Menschen in den westlichen Ländern leben. Wie reich die liebe Angela in Berlin ist, und wenn man sie richtig verstanden hat, soll sie alle Flüchtlinge zu sich ins Paradies eingeladen haben. „Ja lieber Bruder Erdogan, sei uns bitte nicht böse und hab Dank, dass du uns aufgenommen hast, aber die Verlockung, von der Angela verwöhnt zu werden, ist für uns dann doch etwas größer", meinen da die Betroffenen. Die Flüchtlinge machen sich nun in Massen auf den Weg nach Berlin. Dort angekommen stellen Sie dann ernüchtert fest, dass am TV nicht die ganze Wahrheit gezeigt wurde. Auch wenn hier die Einheimischen alle einen haben, für die Flüchtlinge wird kein Mercedes bereitgestellt. Man stellt ihnen auch keine Villa zu freien Verfügung, eine Turnhalle für gleichzeitig 200 Brüder und Schwestern, bestückt mit Feldbetten, muss es eben auch tun. Sieht so das Paradies aus? – fragen sich die eingeladenen Gäste. Aus Höflichkeit und Respekt (schon wieder) fragen sie sich solches nur ganz leise! Nun gibt es aber im Westen freiheitliche und demokratische Zeitgenossen, welche angewidert von so vielen exotischen Menschen ein wenig anders denken. Sie fackeln die Turnhallen kurzerhand ab, am besten gleich mit dem gesamten Gelumpe. Hat schon jemand gehört, dass angewiderte Türken versucht haben ganze Flüchtlingslager abzufackeln? NEIN! Dann sind eben die Türken bessere Menschen, die tun so etwas nicht. Das wäre zu naiv gedacht. Es gäbe natürlich auch in der Türkei Menschen, die angewidert wären. Wenn diese Bösewichte sich hüten, zum Streichholz oder besser gleich zum Benzinkanister zu greifen, hat das etwas mit dem Präsidenten zu tun. Der macht dann ganz undemokratisch nicht lange federlesen mit den Zünslern – wir erinnern uns beispielsweise an die drei Gören in Russland, die seit her den Schnabel halten. Im Westen werden die Zünsler vom Staatsanwalt zu einer Tasse Kaffee eingeladen, dann wird eine Akte erstellt, einen Gratis-Anwalt bestellt, der sofort ein Dutzend gesalzene Beschwerden einreicht und die Freistellung der Täter verlangt. Allenfalls kommt es dann nach Jahren zu einem Verfahren, in dem die laut lachenden Täter hart auf Bewährung bestraft werden. Im Orient hingegen finden sich sicher ein paar muskelbepackte Männer, welche den zündelnden Lümmeln zuerst einmal zünftig den Arsch versohlen, sodass deren Backen glühen und sie Sternchen sehen, bevor man sie verfahrenslos bei Wasser und Brot in den Knast zu den Ratten wirft. Aber man staune, die Zellen sind leer, die entsprechende Klientel verzichtet nämlich großzügig auf einen solchen Kuraufenthalt! Es ist leider eine nicht abzustreitende Tatsache, dass in allen Diktaturen (Beispielsweise Russland u.v.a.) parallel mit der Einführung der Demokratie die Kriminalität augenblicklich extrem zugenommen hat. Bevor wir den Vordenker Erdogan am Ende noch heilig sprechen, gehen wir kurz zurück zur Angela.

Die Angela und allenfalls auch Sie müssen nun umdenken! Angela nimmt das „HERZLICHE-WILLKOMM!“ nämlich zurück. Die wieder aufgebauten Turnhallen sollen nun doch besser der Körperertüchtigung von Schulkindern dienen. An der türkisch-syrischen Grenze gibt es schließlich Aufnahmelager, wo die Menschen ebenfalls relativ sicher sind und erst noch näher ihrer Heimat, meint nun die Angela. Eingeladen ist eingeladen, sagt dazu der türkische Präsident. Wenn aber die Angela sich nicht mehr an ihr Versprechen erinnern will, dafür die Kosten für die Aufnahmelager übernehmen möchte, denkt auch der Herr Erdogan, dass die türkischen Aufnahmelager wohl eine gute Kompromiss-Lösung darstellen. Die anfallenden Kosten dafür sind bereits mit einer Großzahl von Nullen dargestellt worden.

Dass der Herr Erdogan nicht für alle ein idealer Vordenker ist, leuchtet durchaus ein. Viele machen ihm Vorwürfe bezüglich der Behandlung von Minderheiten im Kurdenland, welches auch zur Türkei gehört. Das Verhältnis der Türkei zu den Kurden kann man auch mit einer gescheiterten Ehe vergleichen – man hat sich auseinandergelebt. Wie bei vielen Ehen scheint sich der Prozess einer Trennung oder Scheidung nicht friedlich, sondern eben nur mit einem „Rosenkrieg“ vollziehen zu lassen, allerdings mit sehr stacheligen Rosen! Wenn man sich scheiden lassen will, geht das nicht ohne Teilung des gemeinsamen Hab und Gutes. Wer soll nun aber was und vor allem wie viel kriegen? Da geht nun die Streiterei los und wenn es jetzt nicht einmal einen neutralen Richter gibt, ist eine Lösung praktisch unmöglich. Natürlich hat eine Scheidung auch etwas mit dem Gewissen zu tun, man sucht jetzt die Schuldige oder den Schuldigen. „Ich habe mir nichts vorzuwerfen“, meint der Partner. „Mit so einer Schlampe will schließlich keiner zusammenleben“, sagt der unschuldige Partner. „Ich habe ja wirklich mega-mäßig alles Menschenmögliche für unsere Beziehung getan, aber dieser Schuft dankt mir das dann, indem er mich am laufenden Band betrügt“, sagt nun die unschuldige Partnerin.
Jetzt haben wir als eigentlich Unbeteiligte zwei Unschuldige und wissen dabei ganz genau, dass wir es mit zwei Schuldigen zu tun haben. Nur die Ehe zwischen „Herrn Türkei und Frau Kurdistan“ kriselt nun schon seit Jahrhunderten und die Streitereien werden immer blutiger. Wenn in einer kriselnden Ehe von Herrn Meier mit Frau Müller die Auseinandersetzungen sogar blutig werden, kann der Nachbar die Polizei rufen – die sorgt dann für Ordnung. Hier gibt es leider keine solche Polizei und auch keinen Richter, sodass das Schlimmste zu befürchten ist oder die zwei müssen sich wieder zusammenraufen – eine Schei-

dung gibt es nicht. Verlassen wir den schuldigen Vordenker Erdogan und gehen wir zu den

Banken,

das sind nun Vordenker einer ganz anderen Kategorie. Gehören Sie als Leser zu der Gruppe von Zeitgenossen, die im Kino die Beherrschung verlieren und hemmungslos heulen, wenn sich der Romeo und die Julia inniglich küssen und dabei den Entschluss fassen, gemeinsam ins Paradies zu wechseln? „Schluchz, schluchz, Ja!" – dann wären die Banken als Vordenker für Sie völlig ungeeignet. Hier braucht es Lederhaut! – Skrupel? – was ist das? Versprechen halten Sie jeweils dann ein, wenn es der Sache dient und Ihnen viel Stutz einbringt. Ansonsten hat meine keine Bedenken, sich an unglücklich gemachte Zusagen nicht mehr zu erinnern. Wenn Sie sich nun schon eher angesprochen fühlen und Ihre kriminelle Energie im Blut zu wallen und vibrieren beginnt, dann findet sich hier allenfalls ein Denkmodell für Sie.

Hat sich vor kurzem jemand über Tyrannen wie Putin oder Erdogan aufgeregt? Na ja, das sind nun wirklich blutige Anfänger. Bis zum heutigen Tag scheint es den Banken zu gelingen, natürlich mit reichlich Dollars und Public-Relations, uns glauben zu lassen, dass die Banken und wir in einer Demokratie leben. – Jetzt ist auch einmal laut loslachen erlaubt. Was lernen unsere Jungs und Mädels an der UNI für Wirtschaft? Banken sind das Fundament jeder gesunden Volkswirtschaft. Sie sind die Verantwortlichen für den Wohlstand in einem erfolgreichen Staat. Wenn man davon ausgeht, dass die Banken mit Parlament und Regierung ein exklusives Liebespaar bilden, stimmt das sogar! Allerdings sollte man dann nicht mehr von einer VOLKS-Wirtschaft sprechen. BANKEN-Wirtschaft wäre da zutreffender, das Volk spielt in dieser Wirtschaft lediglich den Lakaien, den man auspressen kann wie eine Zitrone. Natürlich will man nicht einfach wie eine Zitrone zerquetscht werden und versucht sich zur Wehr zu setzen. Das kann durchaus gelingen, man muss sich eben um die Aufnahme in ein Parlament bemühen oder man bewirbt sich gleich um einen Regierungssitz. Jetzt darf man getrost den Banken den Dirigentenstab überlassen. Banker übernehmen nun selbstlos das Denken für Sie! Das Volk aber hält sich dafür brav und beinahe ausnahmslos an die Verfassung und an die Gesetze. Die Ausnahme bilden die Kriminellen, welche, wenn sie gefasst werden, dafür ins Gefängnis müssen, um ihre gerechte Strafe abzusitzen, oder eben, der geneigte Leser errät es natürlich, auch die Banken gehören zur Ausnahme. Diese aber müssen jetzt nicht sitzen, schließlich sind sie selber ein Bank. Oder hat schon jemand gehört, dass eine Sitzbank auf einer Bank sitzt? Wir haben eingangs den Anfänger Putin erwähnt, welcher zart Einfluss auf das Volk nimmt und den Bürgern sagt, wo der Bartel den Most holt! Das machen dann die schlauen Banker etwas professioneller und vor allem handfester, schließlich sind sie für uns SYSTEMRELEVANT! Wer seinen Regierungssitz liebt oder sich als Parlamentarier an den Diäten erfreut, macht am besten genau das, was die Banken befehlen – sonst geht der Staat mitsamt der Bürgerschaft unter – aus, die Maus! Ja, Herr Putin oder Erdogan, da könnte man noch einiges lernen, gell! Tut der Autor den beiden Herren am Ende unrecht? Vielleicht würde ja Herr Putin, wäre er auch für uns verantwortlich, den Banken schlicht und ergreifend ihr Spielzeug wegnehmen und sie zur Ordnung rufen, sie eben Mores lernen? Ja, lieber Leser, Sie denken da durchaus richtig und vorläufig noch selbst, mit dem Spielzeug sind natürlich die Börsen gemeint. Hier wird dann gezockt, dass sich die Balken biegen. Der Bürger zockt ja schließlich auch, kauft er sich doch gleich das Jahreslos der deutschen Fernsehlotterie und wartet dann sein Leben lang vergeblich auf einen Gewinn. Etwas langweilig, aber wenigstens gewissensberuhigend und ganz sicher nicht kriminell. Da richten die Banken ganz anderes an. An der Börse gibt es keine Jahreslose, dafür kann man dort gleich einige tausend Millionen auf den Putz hauen und dann auch entsprechend abräumen. Nur bevor man die tausenden von Millionen auf den Roulette-Tisch der Börse knallt, muss man diese erstmal haben! Sehen Sie, lieber Leser, jetzt kommen Sie ins Spiel. Das einfache Volk trägt gleich millionenfach (in Deutschland wären es theoretisch an die 80 Millionen) sein sauer Erspartes zur Bank, wo uns die kriminellen Banker den Speck durch den Mund ziehen, indem sie uns ein paar lausige Prozentchen versprechen und dabei selbst Milliarden mit unserem Geld verdienen. Nicht immer! – Beim Zocken kann man auch verlieren. Mit „man“ ist natürlich der Bürger gemeint, schließlich haben die kriminellen Banken das Geld ihrer Kunden (nicht das eigene Geld!) in die Pfanne gehauen. Diese Kunden stehen jetzt vor dem NICHTS. Im schlimmsten Fall aber kommen auch die Banken ins Schlingern, indem ihr läppisches Eigenkapital von ein paar tausend Milliönchen auch noch bachab geht. Logisch, dass nun die geschröpften Kunden ebenfalls massenweise in die Insolvenz geraten. Das wäre aber gleichzeitig die Pleite für den ganzen Staat, da ist es natürlich gut, wenn man sich als Bank ein paar treue und handzahme Parlamentarier und Regierungsleute hält – man leistet sich ja sonst nichts! – die nun der kriminellen Bank die Systemrelevanz zusprechen und sich bereit erklären, den Schaden zu übernehmen, schließlich will niemand, dass der Staat untergeht. So übernimmt nun der Bürger und Steuerzahler die Verluste in der Höhe von dutzenden von Milliarden, der gleiche Steuerzahler übrigens, der bereits ordentlich von den Banken abgezockt wurde, in dem er noch zusätzlich seinen ganzen Einsatz definitiv verloren hat. Man könnte nun festhalten, dass schließlich auch die Banken Steuerzahler sind – April – April – beinahe pleitegegangene Banken mit riesigen Verlusten zahlen vorerst keine Steuern mehr – erst dann wieder, wenn der Bürger die Megaschulden der Banken getilgt hat! Hat da jemand „dummer Bürger“ gesagt? – Gut, derjenige lässt wohl nicht mehr die Banken für ihn denken und übernimmt das Zepter in Zukunft selbst, wenn ihn die Banken überhaupt lassen?

Nachdem wir nun wissen, wer eigentlich im Staat das Sagen hat und wer gleichzeitig das naive Denken abgelegt hat, dass wir eine Demokratie wären, wundert sich nun nicht mehr, dass bei uns keine Banker im Knast zu finden sind.

Banker arbeiten aber auch international und verfolgen ihre kriminellen Tätigkeiten in aller Herren Länder dieser Welt. Auch dort gibt es Verfassungen, welche man ebenfalls nicht respektiert – das wäre dann noch! Allerdings haben dort andere Banken die jeweiligen Regierungen im festen Griff. Jetzt werden aber die Banken aus dem Ausland bestraft. Ins Gefängnis müssen sie aber immer noch nicht, weil sie natürlich nicht ausgeliefert werden. Banken interessieren diese Gesetze schlicht nicht, das ist etwas für dumme Bürger! Dafür bezahlen dann die Banken einfach Bußgelder, welche in die hunderte von Millionen gehen, die man aber vorläufig dank überrissenen Profiten über die Portokasse begleichen kann – so lange und immer wieder und wieder, bis erneut die Pleite droht und die Systemrelevanz schon wieder wirksam wird – ein Perpetuum mobile! Die dummen Bürger aber dürfen in etwa davon ausgehen, dass sie sich einkommensmäßig im Durchschnitt über ein um 25% höheres Einkommen erfreuen könnten, wenn man endlich weltweit die Börsen-Kasinos schließen würde. Das brächte dann einige hunderttauend superreiche Abzocker zurück zum dummen Fußvolk, welches dann ab sofort wieder beginnen könnte, selbst zu denken, um auf diese Weise die unnötige Dummheit ablegen zu können. Aber wo um Himmelswillen ist derjenige, der die Kasinos endlich schließt? Der geneigte Leser spürt es, dafür würde man einen weltweit wirkenden Tyrannen benötigen, der nach der Devise von Robin Hood handelt. Wo ist er, der charakterfeste, humane und selbstlose Tyrann oder eben der Robin Hood? Also doch besser das Denken einstellen und das Träumen ausbauen, für die Psyche alleweil eine Wohltat!

Wer trotzdem nicht träumen mag und lieber weiter denken lassen will, kann sich ja einem anderen Wirtschaftsgiganten zuwenden, nämlich

Bill Gates,

einem gigantischen Vordenker, der das Denken voll und ganz auf elektronische und vollautomatische, wenn auch dumme Maschinen delegiert. Dabei hat er nicht die Computer-Maschinen erfunden, vielmehr hat er sich auf die Steuerung solcher Apparate spezialisiert. Manchmal gibt es sie noch, die tollen Chefs, welche überraschend und per Befehl den Mitarbeitern mitteilen lassen wollen, dass man bei solch schönem Osterwetter die Arbeit doch schon ab Donnerstag-Mittag einstellen dürfe – Klasse! Wenn nun einige im Denken zu stutzen beginnen und dabei meinen, das solches wohl eher viel früher und in uralten Zeiten vorgekommen ist, haben sie vielleicht Recht. In diesen

Urzeiten hat sich die Sekretärin des großzügigen Chefs schnell ein Blatt Papier besorgt und darauf von Hand geschrieben:

> ACHTUNG AN ALLE!
> JUHEE – Heute ist ab 12:00 Uhr Feierabend – schöne Ostern für alle!

Dann hat man den Zettel hundertfünfzig Mal durch den Kopierer gejagt und sofort verteilt. Um 12:05 Uhr herrschte die absolute Stille – Osterstille eben.

Nun, das war einmal. Nicht dass es heute gar keine großzügigen Chefs mehr gäbe – natürlich gibt es sie – nur gibt es heute eben auch noch den Bill Gates. Der hat ein besseres Kommunikations-Verteilsystem erfunden. Da geht es dann so los. Ein A4-Blatt wird auf dem Bildschirm der Sekretärin formatiert und mit einem zu Ostern passenden Ornament versehen. Aus den zehntausend angebotenen Zierrändern einen zum Ostersujet kompatiblen Rand zu finden ist dann eine große Herausforderung und braucht seine Zeit. Wenn dann endlich etwas Passendes gefunden ist, möchte man diesen rechteckigen Rand zu einem osterkonformen Ei-Oval um formatieren. Oh je, jetzt wird es komplex! Nach langem Suchen findet die gute Fee vom Direktor endlich den zuständigen EDV-Spezialisten, welcher vorerst den Kopf schüttelt, dann auf der Tastatur herumhämmert bis sich endlich – Heureka! – ein Weg findet, das Rechteck in ein Oval umzuwandeln. Dazu musste er allerdings das Standard-Programm von Gates auf langwierigen Umwegen überlisten. Ein großes Problem ist nun die Schrift, stehen doch einige hundert Schriften zur Verfügung. Was passt da zu Ostern? Nach zig Prototypen scheint die passende Osterschrift gefunden. Der Text, „Juhee! Heute ist ab 12:00 Feierabend – schöne Ostern für alle!“, ist dann schnell geschrieben. Es ist jetzt aktuell 15:20 Uhr und die Nachricht ist trotz Zierrand und Oval doch noch etwas langweilig. Ein paar schöne Ostereier und zwei bis drei Osterhasen sollten die Nachricht schon noch zieren. Also Ruf nach dem EDV-Spezialisten, welcher meint, er könnte sich im Bilderarchiv trotzdem einmal umsehen, auch wenn er sich im Osterschlussstress befinde. Das Ganze werde aber einige Zeit in Anspruch nehmen. Macht nichts, meint die Perle am Computer, für Ostern dürfe es auch einmal besonders schön sein! So kümmert sich dann der Spezialist persönlich um die Schlussgestaltung, sodass man sich in das Oster-Mitteilungs-Blatt geradezu verlieben könnte. Es ist jetzt aktuell Donnerstag, 16:20 Uhr. Der Firmengrafiker meint aber, dass das Ganze farblich umgestaltet werden müsse, damit es besser zu Ostern passe. Um 17:10 Uhr steht alles bereit, dabei muss man nun nicht wie früher 150 Kopien in die Büros verteilen, nein das Ganze geht nun online in einem Bruchteil einer Sekunde zu den Bildschirmen. Die Freude der Belegschaft über den großzügigen Chef hielt sich bei der Kenntnisnahme am Dienstagmorgen um 8 Uhr allerdings in Grenzen. Trotzdem die Nachricht wurde dann rund 420 Mal ausgedruckt – schließlich wäre das Angebot sehr großzügig gewesen, zudem ist es wunderschön gestaltet, sodass sich eine Archivierung im Musterordner „MITTEILUNGEN“ mehr als lohne. Hoch lebe Bill Gates! Gut so, als Vordenker könnte sich aber auch noch der

eignen. Nun, der klassische Hausarzt stirbt langsam aus. „In“ sind sogenannte Ärzte-Center für Allgemeinpraktiker, für Lungenspezialisten, Herzspezialisten, Augenärzte, für ... usw. Dabei könnte man sich den Hausarzt als Vordenker durchaus sparen, geht es doch lediglich um das ökonomische Überleben des entsprechenden Berufsstandes. „Was führt Sie zu mir?“, heißt es da, nachdem sich der Patient eine Stunde im Wartezimmer bei dicker Luft, Kindergeschrei, Nießen und Gepuste tapfer durchgekämpft hat und sich dabei völlig veralteten Illustrierten zugewendet hat. „Also, Herr Doktor, ich fühle mich schwach, habe keine Freude mehr am Leben, schwitze nachts unheimlich und kann so seit Wochen nicht mehr richtig schlafen.“
„Ah ha“, sagt nun der Doktor wichtigtuerisch und schaut in seinen PC. „Wann waren Sie den zum letzten Mal bei mir?“, lautet nun die Frage des ernst daher schauenden Arztes.
„Ja das fällt mir nun nicht ein, ist es denn wichtig?“, fragt der Patient. Der Arzt geht auf die Frage gar nicht ein, schaut angestrengt in seinen PC und meint nun: „Haben wir Ihre Schilddrüse schon einmal überprüft? – lieber Herr Muster?“
„Nein“, haucht der Patient und schon hat er einen rosa Überweisungsschein in der Hand, welcher soeben vom Drucker ausgespuckt wird. „Ah ha“, denkt der Kranke, deshalb hat er vorher so konzentriert seinen PC bedient. Falsch! Er hat nämlich das getan, was der Patient bereits hinter sich hat. Er hat nämlich wie schon der Kunde zuhause auch in der Praxis „gegoogelt“ und dabei die Stichworte „Nachtschweiß – Schwäche – unruhiger Schlaf – depressive Erscheinungen“ eingegeben und dabei als Antwort erhalten: „Eventuell Fehlfunktion der Schilddrüse“.

Na ja, früher haben die Ärzte bei der gleichen Ausgangslage ihre imponierende Bücherwand unter Beschau genommen – dann sich kurz in die Haare gegriffen, sofern noch solche vorhanden waren, und haben dann beinahe majestätisch ein Buch aus der imposanten Reihe geholt. Während nun der Patient geduldig dasaß, vertiefte sich der Doktor eine Ewigkeit lange in das Buch und runzelte, um die Wichtigkeit des Vorganges zu betonen, seine Stirn: „Haben wir schon einmal Ihre Schilddrüse näher angesehen?“ Toll, was der so alles weiß, schließlich hatte niemand zuhause eine entsprechende Bücherwand. Dafür hat heute der Patient das gleiche „Google-Programm“ zuhause und ist zum Ärger des Arztes bereits im Bild. So hat man heute in kürzester Zeit den per Computer ausgedruckten Überweisungsschein in der Hand, welcher dich zu einem Radiologen weist. Nur, was eigentlich hat nun der gute Onkel Doktor für sein Honorar eigentlich geleistet? Dass der Patient besser einmal zu einem Radiologen gehen sollte, hat „Google“ dem Patienten schon längst verraten! Also meldet man sich am besten gleich selbst in der entsprechenden Spezialpraxis an und spart so den Hausarzt. „Denkste!“ Das geht natürlich nicht, ohne Hausarzt kein Spezialist, heißt die Losung – Lassen wir das Kostengrübeln, schließlich brauchen die EDV-Apparate des Hausarztes Energie und müssen abgeschrieben werden. Genau das ist es eben, diese riesigen, völlig durchorganisierten und perfekt ausgestatteten Ärztezentren kosten ein „Heiden-Geld“ und müssen irgendwie amortisiert werden. Der arme Mann hat aber noch immer seine Beschwerden, meldet sich eben beim Radiologen an und wartet geduldig auf seinen Termin. Gut so, so kann er ausführlich und lange sein Leiden beobachten, um dann nach acht Wochen noch viel exakter und eindrücklicher seine Symptome schildern zu können. Nun, das neue Spezialisten-Zentrum ist nochmals weit luxuriöser und geradezu militärisch durchorganisiert. Ohne Wartezeiten – ach, wie war das früher? – wird man von Behandlungszimmer zu Behandlungszimmer gereicht, wo irgendwelche dienstbaren Geister in Behandlungsuniformen irgendwelche Untersuchungen vornehmen, zack-zack, und schon haben Sie einen neuen Termin. Nur noch zwei Wochen sollen Sie jetzt warten, wie zuvorkommend. „A-a-abber was ist mit meinen Beschwerden, Frau Doktor?"

„Also, ich bin keine Frau Doktor und ein bisschen Geduld müssen Sie schon aufbringen – gell?", meint nun die Zentrumsmitarbeiterin. Die gemachten Tests werden nun analysiert und untersucht, bevor Ihnen der Herr Doktor dann schon helfen kann, meint die junge Frau ernst und zuversichtlich. So heißt es für den Patienten weiter schwitzen, und er überlegt sich, ob es wohl gescheiter wäre, selbst nach Behandlungsmethoden zu googeln. Nun, zwei Wochen länger leiden ist ja nicht so schlimm und so wartet der Betroffene geduldig. Der Bescheid in zwei Wochen ist dann allerdings nicht ermutigend, wenn man davon absieht, dass wenigstens die Schilddrüse für sein Leiden nicht verantwortlich sein soll. Jetzt soll man aber nicht denken, dass es sich nun dabei bewenden ließe. Oh nein, selbstverständlich nimmt sich der Spezialarzt nun Zeit für den Patienten. Es wird eröffnet, dass sich sein Besuch doch gelohnt hätte. Die nun folgende Jodkur sei sehr wichtig und müsse natürlich streng überwacht werden, auch wenn seine geschilderten Beschwerden damit nichts zu tun hätten, wäre eben die folgende Behandlung doch unvermeidbar! So ist man in den nächsten Monaten in den guten Händen des Radiologen und sorgt dabei vor allem für die betriebswirtschaftliche Rentabilität des ultramodernen Spezialisten-Zentrums, Bestrahlungs-Ära inbegriffen. Für die Beschwerden müsse er sich eben wieder an sein Hausarztzentrum wenden. Bevor der Arme dort wieder einen Termin erhält, googelt er allerdings und findet heraus, dass allenfalls auch ein Lungenleiden der Verursacher seiner äußerst unangenehmen Beschwerden sein könnte. Also zum lieben Herr Hausdoktor, der dann nur kurz seinen Bildschirm konsultiert, dann den Drucker betätigt und schon hat der Patient seinen rosa Überweisungsschein für das große Lungenspezialzentrum in der Landeshauptstadt. Wieder soll er acht Wochen warten, wobei er diesmal explodiert, übrigens auch ein Symptom seiner offensichtlichen Krankheit. „Ja wir managen hier nur die Termine und können auf Ihre Beschwerden nicht eingehen", meint die Sekretärin cool. Der Patient brüllt nun ins Telefon, er wolle aber jetzt und nun einen Doktor sprechen. Das wirkt und er wird verbunden. Er kann wohl seine großen Sorgen nicht loswerden, dazu hat der Spezialist nun wirklich keine Zeit, dafür erhält er aber einen Termin in nur einer Woche – geht also doch! Der Patient steht pünktlich in einer Woche an der Rezeption des großen Lungen-Zentrums. Das Ganze um 9 Uhr, also beinahe noch in der Nacht. Schnell versteht der Patient aber die Planifikation, heißt es doch nun alle halbe Stunden ein neues Labor oder Testzentrum aufzusuchen und zu durchlaufen – was sein muss, das muss sein –, wo er perfekt organisiert untersucht, durchgetestet und wie eine Labormaus für allerhand Reaktionsmöglichkeiten manipuliert wird. Der Schluss ist bekannt: »Kommen Sie in zwei Wochen wieder, wenn wir alles verarbeitet haben und Ihnen Ergebnisse präsentieren können.« Die Resultate sind sehr interessant. Mit den Beschwerden des Kunden haben sie allerdings nichts zu tun! Aber endlich kann der Patient mit einem zuständigen Arzt sprechen, da heißt es dann: „Sind Sie Raucher?"

„Nein, aber ich war mal ein starker Zigarettenraucher."

„So so, das haben wir uns gedacht, also Ihre Lunge ist in einem bedenklichen Zustand und wir müssen dringendst etwas unternehmen."

Der Kranke bekommt Rezepte für Inhalationsgeräte, Medikamente, Nasensprays wie weiteres hilfreiches und sauteueres Material und natürlich gleich weitere Termine im Lungenzentrum, schließlich muss das Superzentrum betriebswirtschaftlich am Leben erhalten werden. Nur, die Beschwerden sind noch immer die gleichen, es heißt also schwitzen und einen neuen Termin mit dem Hausarztzentrum zu vereinbaren. Das Schwitzen zeigt sich im Detail wie folgt, auch wenn sich dafür bis jetzt keine Fachkraft ernsthaft interessiert hat. Der Kranke braucht 20 Minuten zum Einschlafen – nach weiteren 20 Minuten erwacht der Patient frierend wie ein Schlosshund, weil sein T-Shirt klatschnass ist. Es heißt also, den Body abzufrottieren und dann ein neues trockenes Baumwollschlafshirt überzuziehen. Nach 20 Minuten schläft der Mann mit trockenem Shirt wieder ein, um 20 Minuten später schlotternd wieder aufzuwachen. Jetzt heißt es das tropfnasse Shirt abzulegen, eine heiße Dusche zu nehmen und bereits das dritte neue Shirt überzuziehen. Nach 20 Minuten schläft der Arme zum dritten Mal ein, um in 20 Minuten wieder tropfnass ... usw. Das Ganze wiederholt sich so an die acht Mal pro Nacht, bevor der Patient am Morgen „fix und foxi“ aufgibt und versucht einen weiteren Tag zu meistern und die acht Shirts wieder trocken zu kriegen, seit nun drei Monaten!

Heute Morgen heißt es also wieder, beim Hausarztzentrum vorzusprechen. Natürlich hat der Kunde im Internet gegoogelt und herausgefunden, dass auch eine Allergie die Ursache seiner Nächteschwitzerei sein könnte. Beim Onkel Doktor im Zentrum weiß der Mann im weißen Kittel bis heute nicht, was denn den Patienten wirklich so arg plagt. Aber er konsultiert seinen PC, runzelt die Stirn und meint: „Es könnte ja auch eine Allergie sein!“

Der Kranke bekommt in nur vier Wochen einen Termin im luxuriösen Allergiezentrum. Dort wird er gestochen und

durchlöchert wie ein Emmentaler Käse. Man tröpfelt ihm allerhand giftiges und weniger giftiges Zeugs unter die Haut, um herauszufinden, wo der Mann allenfalls allergisch reagiert. Der Patient reagiert aber nicht, bzw. er hat von 36 Einstichstellen lediglich an zwei bis drei Stichspuren eine ganz leichte, minimalste Reaktion. „Oh, das hat wohl nichts mit Ihren Beschwerden zu tun, auf die leichte Schulter nehmen darf man das aber um Himmels Willen nicht! Allenfalls haben Sie doch eine leichte, allergische Reaktion auf Blütenstaub.« Und schon erhält der Patient eine Kur gegen allergisches Reagieren – zwei Mal einen Schub in die Nase einspritzen und das Ganze müsste sich bessern. Der Kranke weiß nicht, was sich da bessern soll, aber er macht täglich schön brav die zwei Schübe und besucht all die Kontrolluntersuchungen wie verlangt, schließlich müssen die riesigen Ärztezentrums betriebswirtschaftlichen Nutzen zeigen, versteht sich doch von selbst. Nach den entsprechenden Konsultationen ist man nun sicher, dass der Patient samt Gattin dringend neue Matratzen benötigt, nebst Spezialüberzügen. Die Hausstaubmilbe sei das Ungeheuer. „Soll das gegen das Schwitzen helfen?", getraut sich der Kunde zu fragen. „Natüüürlich nicht", tönt es sehr gedehnt. „Aber schließlich machen wir uns Sorgen um Ihre Gesundheit!"
Der Patient, der erst kürzlich niegelnagel neue und unverschämt teure Matratzen angeschafft hat, lehnt das Gesundheitsangebot dankend ab. Er muss wieder zurück zum Hausärztezentrum, wo er hofft, endlich einmal angehört zu werden. Da allerdings hat er sich inzwischen so ein bisschen den Ruf aufgebaut, als eingebildeter Kranker die Institutionen auf Trab zu halten. Nun, der Onkel Doktor hört ihn relativ unkonzentriert an (man muss sich mal den Stress der Ärzte vorstellen) und fragt dann: „Also, Herr Muster, wie sieht es denn mit Ihrem Liebesleben aus?"

Der Patient weiß beim besten Wissen nicht, was das mit seiner Schwitzerei zu tun haben könnte, sagt aber langsam deprimiert: „Also, Herr Doktor, ich könnte es nicht gerade als tägliches Rammeln wie bei den Hasen bezeichnen.“
Der Doktor ist beleidigt und bittet um ernsthafte Antworten, scheint aber begriffen zu haben. Ja, lieber Patient, Sie sind ein Fall für das Urologie-Zentrum in der Bezirkshauptstadt. Dort hat man in guten vier Wochen für ihn Zeit, der Patient hat langsam keine Pyjamas mehr, aber was soll's, es muss was gehen und so geht er zum Urologen – wenn das wieder zu einem erholsamen Schlaf führen könnte? Diese Untersuchungen werden dann durchaus von einem echten Arzt durchgeführt, wer lässt sich schon gerne von einer medizinischen Hilfsperson deren Zeigefinger hinten tief einführen, um dabei das schmerzhafte Wühlen noch zu genießen. Außer man ist ..., Der Patient ist aber nicht! – Der Urologe hört sich wenigstens die Beschwerden des Patienten an und befindet dann, dass keine Auffälligkeiten vorhanden seien. Schön ist dabei, dass er nicht aus Sicherheitsgründen auf eine Wiederholung seiner "Zeigefinger-Aktion" besteht!. Dafür will er nun Blut, welches er auf den Testosteron Wert untersuchen lassen will – wieder zwei Wochen warten – dabei kann der Wert nur mit völlig frischem Blut durchgeführt werden – die zwei Wochen sollen schlussendlich wohl den exorbitant hohen Preis rechtfertigen. Das Resultat ist allerdings ermutigend. Oh je, lieber Patient, Ihr Wert ist viel zu tief. Was folgt, ist eine Testosteron-Behandlung, gefährlich und mit vielen Nebenwirkungen. Der Kranke reibt sich nun täglich zwei Mal den Hodensack kräftig mit dem Hormon Schlee ein – und schwitzt weiter, sogar zunehmend weiter wie ein Ross, die Pyjamas tropfen und gehen langsam aus! Nach zwei Wochen hat der Kunde wieder einen Kontrolltermin im Urologen-Center. Der Patient überlegt sich, ob er wohl

einmal rein zur Demonstration eine Wäscheleine voll Pyjamas mitnehmen soll, um so auch den Ernst der Lage aufzuzeigen. Er verwirft den Gedanken sofort wieder, sonst nehmen sie ihn am Ende noch weniger ernst, wenn das denn überhaupt möglich ist? Es heißt Blutabnehmen, ein junges attraktives Girl ist dafür zuständig. Sie macht ihren Job ausgezeichnet, sticht sanft und präzise, sodass man kaum etwas spürt. Zu einem Gespräch ist sie allerdings unter gar keinen Umständen zu bewegen. Mein Name ist Hase und ich weiß von nichts – sagt man da wohl. „Nein, ein Arzt ist nicht zu sprechen, was denken Sie denn, wo Sie hier sind, da hätten unsere Ärzte aber viel zu tun. Der Doktor Urologe wird sich dann schon noch Ihre Probleme anhören, aber alles zu seiner Zeit, gell“, meint die Göre nun vorwitzig und verschwindet auch schon wieder in ein anderes Experimentierzimmer. „Rufen Sie morgen hier an“, empfiehlt man einfühlend an der Rezeption und bevor sich der Patient verabschieden kann, wenden sich die Rezeptionistinnen wieder wichtigeren Dingen zu. Als der Patient die Praxis verlässt, spürt er, dass sein Hemd völlig durchnässt ist – jetzt also auch tagsüber, nur wem soll er das am nächsten Tag erzählen? Aber anrufen kann man ja. „So schnell geht das nicht, lieber Mann, rufen Sie einfach später wieder an“, meint die Dame am anderen Tag am Telefon.

„Wann haben Sie denn die Resultate?“, will der Patient nun wissen. „Rufen Sie einfach wieder an und fragen!“ Eine Stunde später, beim zweiten Mal, sind wieder keine Resultate vorhanden. Eine weitere Stunde später bei der dritten Anfrage sind wieder keine Resultate vorhanden, aber der Mann verliert nun die Geduld. „Was soll das? – Man hat mir versprochen, dass man sich der Sache besonders annehme und nun das.“

„Warten Sie einen kleinen Moment, ich schaue nochmals nach“, meint die Telefonistin. „Klick“ – und schon wird der

Anrufer nicht gerade mit seiner Lieblingsmelodie verwöhnt – „düdeli dü und düdeli da“. Nach einigen Sekunden: „Klick: Sind Sie noch da?“
„Ja!“
„Also, das Resultat ist in Ordnung, der Testosteron-Spiegel ist wieder auf DREI, also völlig im grünen Bereich“.
„Scheisse“, entgleitet dem Kunden ein Wort, das er normalerweise nicht so öffentlich am Telefon verwendet. Das Resultat war offensichtlich längst vorhanden, nur war das Personal zu faul, um nachzusehen. Soll sich doch der Doktor darum kümmern, der verdient ja schließlich auch mehr. Wenn nun also der Testosteron-Spiegel in Ordnung ist, ja dann kann die Ursache des Leidens nicht bei den Hoden liegen. „Was soll ich denn nun tun?“, fragt der Patient die Laborantin.
„Ja, das weiß ich auch nicht“, meint die Frau am Telefon, „fragen Sie den Arzt!“
„Ja, dann verbinden Sie mich bitte.“
Da der Arzt aber keine Zeit hat, entschließt sich der Patient, dem Onkel Doktor eine Mail zu senden. Dabei packt der Kranke die Gelegenheit am Schopf und teilt dem Arzt seinen Unwillen über die mangelhaften Dienstleitungen seines Centers ziemlich deutsch und deutlich mit, was dann tatsächlich Wirkung zeigt. Erbost meldet sich der Arzt einige Tage später am Telefon, nicht weil er sich um die Gesundheit des Patienten Sorgen macht – natürlich nicht – nein, weil er dem Mann beibringen will, dass solches Verhalten nicht erwünscht sei. „Ja, dann ist es eben unerwünscht“, meint der Betroffene nun und er fragt den Doktor, was denn nun zu tun sei. „Also mit dem Wert „SECHS“ ist Ihr Spiegel im Moment beinahe etwas zu hoch, aber er kann durchaus noch toleriert werden.“
„Wie bitte – SECHS?“, fragt er nun, „Ihre Assistentin meinte der Wert sei bei DREI.“

„Ja oder drei“, meint der Arzt nun unsicher, geht ja auch in Ordnung. Der Patient überlegt kurz, also zwei Werte, beide innerhalb der Toleranz! Da darf man wohl davon ausgehen, dass einer der beiden Werte tatsächlich von ihm stammt, warum sich also Sorgen machen. „Und wenn beide Werte von einem anderen Patienten sind?“
Na ja, der Stress in den Centers ist groß, aber doch wohl nicht sooo groß – ganz beruhigt ist der Patient allerdings nicht. „Gehen Sie also zu Ihrem Hausarzt und lassen Sie sich helfen – aber stopp, wir müssen noch einen Termin ausmachen!“
„Wofür?“, meint nun der Patient konsterniert.
„Ja die Untersuchung hat eben auch gezeigt, dass wir dringend eine operative Beschneidung an Ihrem Penis vornehmen müssen, Sie wissen schon!“
„Leck mich“, sagt der Patient und hängt den Telefonhörer ein. Zurück beim Hausarzt meint dieser, was der Patient auch schon gegoogelt hat, man könnte es mit einem Hormon-Spezialisten versuchen. Im entsprechenden Ärztecenter hätte man in acht bis zehn Wochen für ihn Zeit. Wieder zehn Wochen schwitzen wie ein Ross? Nein! Also meldet sich der Patient als Selbstzahler im nahen Ausland an. Dort hat man in wenigen Tagen einen Termin für ihn. In der neuen Klinik nimmt sich der Spezialist so richtig Zeit für seinen Privatpatienten, der Arzt will alles wissen, um sich so ein vollumfängliches Bild vom Kranken und seinen Beschwerden machen zu können. Am Ende runzelt aber auch dieser Spezialist seine Stirn. Er ordnet eine komplette vierundzwanzigstündige Urinsammlung an und gewinnt so weitere zwei Wochen Zeit bis zur nächsten Konsultation. Der Patient nimmt so den riesigen braunen Kubel mit nach Hause, um 24 Stunden lang nur noch in das Ungetüm zu pinkeln. Der braune Kübel füllt sich so, zum Erstaunen des Betroffenen, zunehmend und es muss befürchtet werden, dass das Ding überläuft. Bei jeder Öff-

nung des an sich hermetisch verschlossenen Kübels entsteigt der Öffnung ein fürchterlicher Gestank. Am Ende ist das Gefäß dann plumpsvoll und der Patient bedauert den Menschen, der später zuständig für die Öffnung des Kübels ist und die Brühe untersuchen muss. Nur vier Tage später ruft auch schon der Arzt an: „Alles im grünen Bereich!“ Das SCHWITZEN kann also weitergehen.
Der Kranke entschließt sich in der Folge für einen Erholungsurlaub in Spanien, auch wenn er als Weltmeister im Schwitzen natürlich weiß, dass es dort noch wärmer ist, was vermutlich seiner Schwitzerei nicht gerade zuträglich ist. Doch alles falsch, mit der ersten Nacht unter südlichem Himmel schläft der Leidende selig ein und erwacht am frühem Morgen furztrocken, kein Tröpfchen Schweiß! Schwitzen ist also kein Thema mehr, dafür hört der Mann plötzlich nichts mehr. Schon wieder erkundigt er sich nach einem Señor Doktor, weil in Spanien Doktoren eben noch Männer sind und eher selten Frauen. Hier fühlt sich dann der Patient wohl und an seine Jugend erinnert. Kein ultramodernes Ärztezentrum – nein – eine ganz gewöhnliche Arztpraxis mit einer freundlichen rundlichen Dame am Empfang und einem betagten Arzt, welcher natürlich sofort Zeit für seinen Patienten hat. Schnell fasst der Arzt eine riesige Pumpe, zieht wie bei einer Spritze eine lauwarme Flüssigkeit in die Pumpe auf und spült in der Folge mit gewaltigem Druck die Ohren vom Patienten, so dass dieser glaubt, diese Flüssigkeit müsse augenblicklich beim anderen Ohr wieder austreten. Tut sie aber nicht. Im Gegenteil, im Auffangbecken, welches der Arzt unter dem Ohr des Mannes angebracht hat, sammelt sich allerhand klebriger Ohrschmalz und natürlich auch die Flüssigkeit. So – und der Patient hört wieder ausgezeichnet, braucht keinerlei weitere Behandlungen, bezahlt € 50.00 und alles ist wieder im grünen Bereich. Keine Ärztecenter oder Assistentinnen, einfach alles ganz einfach und konservativ.

Wieder Zuhause hat der Patient noch einige ausstehende Termine, welche er widerwillig einhält, schließlich schwitzt er nicht mehr und nimmt auch nicht mehr Woche für Woche ein Kilo zu. Dafür wird er jetzt auf Zucker geprüft und gegen Bluthochdruck behandelt, schliesslich müssen die Centers und natürlich auch unbedingt die Kranken am Leben gehalten werden, tote Patienten bringen kein Geld mehr! Selbst wenn der geneigte Leser krank sein sollte, es ist fraglich, ob Google im Konzert mit dem Hausarzt der geeignete Vordenker sein könnte? Deshalb schlagen wir nun

den Herrn Assad

von Syrien vor. Als mehr oder weniger selbst ernannter Präsident von Syrien herrscht er über diesen mitleidenswürdigen Kriegsstaat. Der Erzfeind von Assad soll der „Mörder Erdogan“ von der Türkei sein, welcher hier bereits als Vordenker empfohlen wurde. Da nun aber bereits drei wichtige Menschen den Präsidenten der Türkei brandmarken, nämlich Herr Assad, sein somit vermuteter Freund Herr Böhmermann und natürlich Herr Putin von Russland, könnte sich da auch Assad als Vordenker eignen? Wenn nun der geneigte Leser hier vordenken lassen will, muss er schon gewaltige Gedanken-Windungen in Kauf nehmen können. Assad möchte nämlich die im Norden zur Türkei gelegene und wichtige Stadt Aleppo dem Boden gleich machen. Aleppo ist aber eine syrische Stadt, bewohnt von den Brüdern des Herrn Assad. Die Strategie Assads geht aber davon aus, dass in dieser Stadt auch türkische Rebellen oder Terroristen gegen die Assad treuen Soldaten kämpfen. Wenn Assad also die Stadt dem Boden gleichmacht, vernichtet er nicht nur alle Brüder, nein er erwischt jetzt natürlich auch die wenigen türkischen Kämpfer in der

Stadt. In etwa so, wie wenn Sie den ganzen Garten mit Unkrautvertilger besprühen. So haben Sie mit Garantie kein einziges Unkräutchen mehr, allerdings ist jetzt auch der Garten futsch! Der große Freund von Assad, nämlich der Herr Putin, und der kleine Freund von Assad, der Herr Böhmermann, freuen sich wiederum, wenn der Assad den Türken so richtig den Rüssel stampft. Der Putin aber ist schlauer. Er ist eigentlich gar kein echter Freund von Assad, aber ein guter Beobachter. Es gibt Beispiele in der benachbarten Region, zum Beispiel den Irak oder dann Libyen. Da haben die Amis den Bösewichten Saddam Hussein und Muammar al-Gaddafi ein für alle Mal den Garaus gemacht. Damit waren aber die besten Voraussetzungen für das totale Chaos geschaffen worden. Es gibt nun in diesen Ländern keinen Diktator mehr, dafür hunderte von Diktatörchen, welche sich als Rebellen oder Terroristen gegenseitig die Köpfe einschlagen. Eine auch nur annähernd staatliche Ordnung gibt es nicht mehr und den braven Eingeborenen geht es schlechter denn je! So etwas wünscht sich nun aber der Herr Putin in Syrien wirklich nicht. Da ist es vorerst gut, man hat einen Freund in der Region und damit auch Einfluss im Nahen Osten bis ans Mittelmeer. So dumm wie die Amis ist der Putin natürlich nicht. Er weiß, wenn er die Vernichtung des Bösewichts Assad unterstützt, würden bei Gelingen nur die chaotischen Zustände im Nahen Osten weiter perfektioniert und seine Felle in Syrien würden ihm bei hunderten von Diktatörchen plus IS davonschwimmen. Deshalb wird Herr Assad von Putin als Freund behandelt. Assad soll wieder der allmächtige Herrscher in Syrien sein, bevor er dann von Putin zur Marionette gegängelt wird. Dann hat Putin die Fäden der Marionette Assad wieder in der Hand und steht mit einem Fuß bis ans Mittelmehr gut verankert in unmittelbarer Nachbarschaft zur NATO. SUPER! Das weiß natürlich auch der Herr Assad, deshalb versucht er auch mit den Chinesen anzubandeln, welche ihn beim Antrag der UNO, ihn zu entmachten, mit einem Veto zu Hilfe eilten. So aber ist der Assad ein (w)irrer Vordenker, vielleicht eignet sich deshalb die

UNO etwas besser

als Vordenker. Die UNO umfasst als Mitglieder beinahe alle Länder der Welt – das erhöht natürlich den Denkhorizont gewaltig. Nachdem vor kurzem auch noch die Schweiz in den Schoss des Sicherheitsrates aufgenommen wurde, fehlen nur noch der Vatikan und Taiwan. Der Vatikan will nicht, schließlich regiert er am liebsten gleich selbst die Welt und Taiwan möchte sehr gerne, darf aber nicht. Die Chinesen sind dagegen. Wer Taiwan kennt, weiß, dass die taiwanesischen Chinesen sehr liebenswürdige und friedfertige Menschen sind, die ihren Staat lieben und eigentlich für sich in Anspruch nehmen möchten, dass sie das einzige und richtige CHINA sind. Da müssten die USA, der Herr Böhmermann und die ganze westliche Welt eigentlich zunicken: „Ja natürlich ist das so!“ Aber warum sollte man im Westen das tun? Als das große riesige Reich China von einem Diktator in Beschlag genommen wurde und ein sogenannter Mao 1949 jeden demokratischen Gedanken sofort im Keime ersticken ließ, flüchteten einige mutige Chinesen zusammen mit Chiang Kai-shek auf die chinesische Insel Formosa, errichteten dort einen wahren chinesischen und demokratischen Staat. Sie tauften die Insel in den Namen Taiwan um und bestritten, dass der Diktator Mao das Recht hätte ein wahres China zu regieren. Das einzige, wahre und richtige China sei Taiwan. Allerdings ein munzig kleines Eiländchen, über das der Bösewicht Mao nur lachen konnte. Leider aber hatten die USA, welche als Weltpolizisten die Demokratien der Welt verteidigen wollten, gerade keine Zeit. Sie kämpften schon bald in Vietnam gegen die bösen Kommunisten, denen sie wieder demokratische Regeln beibringen wollten. Der dortige Vietkong gab den Amis allerdings auf die Schnauze, sodass diese wie ein geschlagener Hund winselnd zurück nach Amerika flüchteten. Als Trost unterstützten die Amis immerhin die Aufnahme des kommunistischen, aber demokratischen Staates Taiwan in die UNO und erkannten dessen Rechte an. Allerdings zum Unwillen der National-Chinesen, welche auf dem Tian'anmen-Platz friedliche junge Menschen, welche so etwas wie Demokratie einforderten, von Panzern überrollen ließen. Nun – in der UNO war man sich einig, ein Land, welches seinen Bürgern noch den Meister lernt, in dem es missliebige junge Menschen demonstrativ von Panzern überrollen lässt, ist erst richtig der UNO würdig. Die Chinesen hatten also mit ihrem Veto recht, was sollen diese Memmen von Taiwanesen in der UNO? Man hat in der Folge den rechtmäßigen Staat Taiwan 1971 auf Befehl von Mao wieder aus der UNO geschmissen. Die UNO hat es demnach nicht so mit der Demokratie! Umso mehr hat es erstaunt, als der demokratische Musterstaat aller Staaten, nämlich die Schweiz, kürzlich als letzter diesem zweifelhaften Verband ebenfalls beigetreten ist. Einem Verband, in dem über wichtige Dinge der Welt abgestimmt wird, allerdings nur wenn die fünf großen Erwachsenen (USA / Russland / Nationalchina / Frankreich und Großbritannien) es erlauben bzw. nichts dagegen haben. Da können also Mitglieder eines sogenannten demokratischen Verbandes in klarer Mehrheit etwas bestimmen, das dann aber doch nicht gilt, weil als Beispiel der „Papa China" gegenüber der Mehrheit behauptet, das Wasser laufe bergwärts, und wenn der Papa sowas sagt, dann ist es eben genau so – basta! Widerspruch nicht zugelassen und absolut unerwünscht – ach wie sympathisch! Brrrrr, wo haben da die

Schweizer Stimmbürger wohl denken lassen, als sie kürzlich dem Beitritt in den UNO-Sicherheitsrat zustimmten, wo die Unmündigen zusammen mit einer allfälligen Mehrheit etwas bestimmen können – allerdings nur, wenn die Erwachsenen Mitglieder im Rat nichts dagegen haben? Es ist fraglich, ob wir hier den richtigen Vordenker gefunden haben. Aber vielleicht ist es ja das

Königreich USA

Königreich? – Ja! – Sie haben richtig gelesen. Wie es so üblich ist in Monarchien, wird die Königskrone jeweils familiär innerhalb des Stammes weitergereicht. Genau wie in den USA, wo der Vater Bush das Präsidialamt natürlich an den Sohn Bush weitergibt oder wo der Ehemann Clinton vermutlich das Zepter an seine geliebte Gemahlin übergibt. Ob diese sich dann wie seinerzeit ihr Ehemann auch eine Affäre leistet, ist noch ungewiss. Zur Sicherheit sollte aber die Frau Präsidentin, wenn sie jeweils am präsidialen Mahagoni-Schreibtisch sitzt, immer einen Rock tragen. Da hätte es die Frau Präsidentin dann leichter als seinerzeit ihr Mann. Bei einer Frau fällt es nämlich nicht auf, wenn sie unter ihrem Rock vergisst, ein Höschen überzuziehen. Dafür hat es nun der junge Sekretär unter dem riesigen Schreibtisch einfacher, in etwa einem Schoßhündchen gleich, seine zarten Liebkosungen rüber zu züngeln. Die Monika musste seinerzeit unter dem Schreibtisch kniend, beim Präsidenten vorerst einiges aufknöpfen, um schließlich ans Ziel zu kommen.

Für uneingeweihte Leser:

Präsidenten oder auch Präsidentinnen, es seien hier für einmal beide Formen verwendet, betrügen ihre Ehepartner nicht, oder klarer ausgedrückt, in den USA begeht man ganz allgemein erst dann einen Ehebruch, wenn es zur echten und vollzogenen Kopulation zwischen den außerehelichen Geschlechtern gekommen ist. Was dann natürlich bei den prüden Amis immer in der Missionarsstellung geschieht! Genüssliche Schleckereien aber genügen bei weitem noch nicht! Hört der Autor da Stimmen in Richtung:

„Oh la la. da lohnt es sich aber so richtig vordenken zu lassen"! Vielleicht, jedem und jeder das Seine!

Wer nun Bedenken hat, ob das wohl gut gehe, schließlich könnte der fähige Vater eine Nuss von Sohn haben. Natürlich kann eine Nuss von Vater einen fähigen Sohn haben oder am Ende ist es auch möglich, dass sowohl der Vater wie der Sohn Nieten sind? Bei Ehepaaren verhält sich das natürlich genau gleich. Trotzdem, Sorgen machen sollte man sich keine. Bedingung ist nämlich: Damit es beim Regieren zum Schaden kommen kann, muss vorerst einmal regiert werden. Regieren tun aber in Monarchien oder auch in den USA andere, hoffentlich wirklich fähige Leute. Das kann in Monarchien auch einmal der kluge Hofnarr, meistens aber ein Parlament sein, oder in den USA ist es dann eher der Geldadel, welcher dem Präsidenten klar macht, wo der Bartel den Most holt, schließlich hat man den Präsidenten seinerzeit im Wahlkampf mit vielen Dollar-Millionen unterstützt. Allerdings ist das Regierungssystem in den USA derart kompliziert, dass man sich wohl eher einen anderen Vordenker sucht. Vielleicht eignet sich da ja

der Vatikan,

wo alles viel einfacher ist! Der Vatikan ist sicher der einzige Staat auf der Welt, bei dem jeder dritte Bewohner mit Staatsbürgerschaft quasi als „Parlamentarier“ bzw. eben als Kardinal eingesetzt wird. Wie wir schon bei den Banken gelernt haben, muss jemand, der bestimmen kann und den Tarif angeben will, entweder hoher Banker sein, in einem Parlament herumlümmeln oder gar die Regierung repräsentieren. Wer hier schon glaubt, den idealen Vordenker gefunden zu haben, sollte sich mal schnell den Regierungssitz aus dem Kopf schlagen. Der gehört ganz allein dem Papa, und wie wir hier ebenfalls schon gelernt haben: „Wenn der Papa sagt, das Wasser fließe bergwärts, dann fließt es bergwärts, basta. Da der Papst am häufigsten italienisch spricht, passt hier sogar das Wort „BASTA“! Dann werde ich eben Kardinal, denken Sie nun? Auch das sollte man sich besser aus dem Kopf schlagen. Wer Kardinal wird, bestimmt wiederum allein der Papa! Wenn der geneigte Leser aber über eine gehörige Portion kriminelle Energie verfügt? – na dann, im Vatikan gibt es auch eine Bank, ein ganz gewöhnliches Bankinstitut, nur vielleicht noch ein bisschen krimineller. Das Wort Institut wurde hier bewusst gewählt, nicht, dass der Leser beim Wort „Bank“ am Ende noch ans Ausruhen denkt! Trotzdem, sollte es dem Leser gelingen, sich eine namhafte Position in der Vatikan-Bank unter den Nagel zu reißen, ja dann hat er seine paar Schäfchen schnell im Trockenen und darf sich jetzt tatsächlich auf einer dick gepolsterten Bank ausruhen. Natürlich dürfte es nicht leicht sein, sich erst heute in die Kreise der Vatikan Top-Banker einzuschleichen, schließlich wurde mit dem Anhäufen eines immensen und in Nullen gar nicht mehr vorstellbaren Vermögens schon vor Jahrhunderten begonnen. Da wäre einmal der Goldvorrat des Vatikans, welcher der größte der Welt sein dürfte und natürlich befindet er sich zum Teil, wie sich das gehört, auch in der Schweiz und in den USA. Natürlich besitzt die Vatikan-Bank riesige Aktienpakete, ja ganze Konzerne und sogar Ländereien und Immobilien, die sich zu ganzen Städten zusammenfinden. Wie aber kommt so ein winzig kleiner Staat zu so einer stinkreichen Bank? Mit viel krimineller Energie natürlich, welche sich über die Jahrhunderte durch Sklaverei, Leibeigenschaft, Vergabe von Segen und Titeln wie auch durch Ablasshändel zusammen gekleckert hat. Hier hat der Chef (gemeint ist hier noch derjenige auf Erden) persönlich die Idee gehabt, dass die Beichten von massenhaften Sündern ein riesiger Aufwand an Personal und Kosten mit sich bringe und eigentlich auch zu aufwendig sei. Man könne doch den Sündern die Absolution wie bei einem Handel auch verkaufen. Durch den Kauf von Ablasszetteln konnte man sich die Vergebung durch den Allerhöchsten sichern. Jetzt ist wirklich derjenige im Himmel gemeint! Einkassiert hat aber das Geld sein Stellvertreter auf Erden. Böse Zungen behaupten nun, der Papa hätte diese Gelder zugunsten der Vatikan-Bank veruntreut und gar nie im Himmel abgeliefert. Ja, den Vatikan muss man eben nicht lehren!

Allerdings ist die katholische Kirche auch durch Raubmorde, Inquisition, Hexenverbrennungen, Urkundenfälschungen, Erbschleichereien, durch den Verkauf von Ämtern, durch Nebeneinnahmen aus der Prostitution und natürlich durch den Zehnten, heute ersetzt durch Subventionen und Steuern, so fett und reich geworden.

Der Vatikan allerdings wurde erst am 11. Februar 1929 gegründet und er wäscht, für all das, was vorher war, natürlich seine Hände in Unschuld! Die Päpste vor dieser

Zeit müssen deshalb vermutlich irgendwelche verirrten Spinner gewesen sein. Der Vatikan hat damit natürlich nichts zu tun. Schon gar nicht die Vatikan-Bank, die ist, wie das auf alle Banken zutrifft, von harmloser ja beinahe liebenswerter Kriminalität geprägt – hat der Autor Murren vernommen? Ja, dann soll eben der Motzende den ersten Stein werfen! Der Autor geht trotzdem davon aus, dass inzwischen alle dem Vatikan zugeneigten Leser ihren persönlichen Vordenker gefunden haben. Für andere können wir nun, bevor wir zu den Briten gehen,

die EU

vorschlagen. Ein besonders interessantes Gebilde. Neben dem Präsidentenamt, welches einigermaßen in festen Händen ist, bieten sich dann noch sage und schreibe siebenhundertundeinundfünfzig (751) Parlamentssessel an. Wir wissen es schon, wer bestimmen will, wo der Bartel den Most holt, ist ein Präsident, Parlamentarier oder eben Banker. Es gibt hier also allein 751 Chancen, satte Diäten abzuholen, ohne dass Sie dafür etwas entscheiden können oder gar denken oder etwas tun müssen – ein Eldorado! Allerdings hat die EU ein System, das für Diätenjäger und anderes Gesindel sogar noch ein weit ausgedehnteres Abzocker Feld anbietet! Da wären einmal die 28 Staats- und Regierungschefs, welche zusammen mit dem schon erwähnten Präsidenten einen weiteren diätenberechtigten Rat bilden. Dieser Europäische Rat bildet nun, nachdem schon wieder ein Präsident gewählt ist, die **Europäische Kommission**, quasi eine Regierung in der Regierung oder eben eine Exekutive ohne Kompetenzen, bestehend aus:

- dem Präsidenten, zur Zeit Herrn Juncker, einem ersten und zweiten Vizepräsidenten. Einem Salär von € 300.000 und bei solch knapper Bemessung ein Zuschuss von € 50.000 für die Wohnung und etwa € 12.000 als Spesen. Das Ganze beinahe mal drei, da die Vizes nur leicht weniger bekommen! Natürlich beziehen die drei noch einiges aus den jeweiligen Herkunftsländern, was sich bei solchen Hungerlöhnen von selbst versteht!

- Natürlich werden hier noch ca. 1.200 Mitarbeiter beschäftigt, welche im Schnitt so an die € 80.000 abräumen, was ungefähr weitere bescheidene € 100 Millionen ausmacht.

- Nun zur Kommission der Rechtsetzung (Gesetze) mit wieder zwei Vizes. Jetzt natürlich nur noch bescheidene € 240.000 + Zuschüsse + Spesen, klar dass da die Heimatländer noch zusätzliche Unterstützung leisten.

- Es wird für Mitarbeiter wieder an die € 100 Millionen ausgegeben.

- Die Kommission der Außenpolitik mit nur noch einem Vize, man wird bescheiden, so macht das dann nur noch ca. € 500.000 + Zuschüsse + Spesen.

- Natürlich werden wieder ca. € 100 Millionen für Mitarbeiter benötigt.

- Die Kommission für Haushalt mit einem Präsidenten und einem Vize-Präsidenten, also € 500.000 + Zuschüsse + Spesen.

- Erneut € 100 Millionen für Personal
- Die Kommission für den Binnenmarkt mit einem Vize, also € 500.000 + +
- Erneut € 100 Millionen für Personal
- Die Kommission für Energie mit einem Vize, also € 500.000 + +
- Schon wieder eine € Zehntel-Milliarde für das Personal
- Die Kommission für sozialen Dialog, inkl. Vize € 500.000 + +
- Und die 100 Milliönchen fürs Personal
- Die Kommission für Arbeitsplätze mit Vize € 500.000 + +
- Personalunkosten von bescheidenen € 100 Millionen
- Die Landwirtschaftskommission € 500.000 + + für die Präsidenten und
- satte € 100‘000‘000 für das Personal
- Die Klimaschutz-Kommission ohne Vize, wen wundert's, die Kommission bringt auch null und nichts, deshalb nur lächerliche € 250.000 + +
- trotzdem wieder € 100 Millionen fürs Personal

- Die Wettbewerbskommission mit Präsidenten, also € 250.000 + +
- zusätzlich € 100 Millionen für das Personal
- Die Kommission für Digitales weiter € 250.000 + +
- und weiter 100 Millionen für das Personal
- Die Kommission für das Zollwesen, weitere € 250.000 + +
- und 100 Millionen für das Personal
- Die Kommission für Kultur steht mit € 250.000 + + an und nicht vergessen
- das Personal + 100 Millionen
- die Kommission für Beschäftigung, man fragt sich, was die Kommission für Arbeitsplätze tut? – Aber es schlägt mit € 250.000 + + an und natürlich
- 100 Millionen für Personalkosten
- die Kommission für maritime Umwelt = € 250.000 + +
- Eine Zehntel-Milliarde für das Personal
- die Kommission für Nachbarschaft kostet weitere € 250.000 + +
- mit zusätzlichen 100 Millionen für das Personal

- die Kommission für Finanzen kostet im Präsidialamt € 250.000 + +
- und 100 Millionen für das Personal
- die Kommission für die Gesundheit à € 250.000 + +
- auch hier Personalkosten von ca. 100 Millionen
- die Kommission für Krisenschutz macht € 250.000 + +
- Personal weitere € 100 Millionen
- die Kommission für Industrie à € 250.000 + +
- € 100 Millionen für die Beschäftigten
- die Kommission für Entwicklung kostet € 250.000 + +
- eine Zehntel-Milliarde für das Personal
- die Kommission für Verbraucher € 250.000 + +
- zusätzlich 100 Millionen für das Personal
- die Kommission für die Migration wieder € 250.000
- und € 100 Millionen für die Mitarbeitor
- die Kommission für die Regionalpolitik macht weitere € 250.000 + +

- Personalkosten von einer Zehntel-Milliarde
- Kommission für die Forschung kostet € 250.000 + +
- Personal wieder 100 Millionen
- die Kommission für Handel macht € 250.000 + +
- zusätzlich Personalkosten von € 100 Milliönchen
- Kommission für Verkehr und Weltraum € 250.000 + +
- Auch hier für Personal weitere € 100 Millionen

Hat jemand mitgerechnet? – Es kommt so ein Sümmchen von 10 Milliärdchen zusammen! Alle Jahre wieder natürlich!

Da nicht bekannt ist, wie viel Personal in den jeweiligen rund 30 Kommissionen genau beschäftigt werden, haben wir den gesamten Personalbestand durch 30 geteilt, also theoretisch gleichmäßig auf die Kommissionen verteilt.

Natürlich gibt es auch noch einen Europäischen Rechnungshof, einen Gerichtshof und natürlich die Zentralbank. Kostenmäßig nun wirklich nur noch Peanuts.

Das oberste Organ wären aber eigentlich die Stimmbürger, von denen es wohl bald keine mehr hat, wenn erst einmal alle Aufnahme in einer Kommission gefunden haben. Man ist deshalb in der EU dauernd an der Planung von neuen Kommissionen – für neue Ideen-Meldungen (sehr schwierig zu finden) ist man in Brüssel sehr empfänglich.

Der geneigte Leser sollte sich aber gut überlegen, ob er sich für so eine Kommissionsaufgabe bewerben soll. Trotz fürstlicher Bezahlung ist die Arbeit ein Malochen und kein Schleck.

Beispiele gefällig?

- In jahrelanger Arbeit und unter stressigen Bedingungen hat man in Brüssel nun die längst überfällige Norm für die Krümmung von Gurken kreiert. Es sei verraten, maximal 10° darf die Krümmung sein.

- Das Äpfel-Norm-Sieb, mit Rundlöchern von 59-mm-Durchmesser, was durchfällt, ist kein Apfel, und basta, würde der Papa sagen.

- Nachdem sich die europäischen Bäume standhaft geweigert haben, nach den Vorschriften der Landwirtschaftlichen Kommission zu wachsen, hat man sich in Dutzenden von Sitzungen dazu durchgerungen, die Norm wieder zu streichen. Man versteht langsam die dabei erwachsenen und schon erwähnten Kosten, welche durch solch diszipliniertes Arbeiten natürlich entstehen müssen.

- Das tägliche Brot darf maximal 1 gr Salz pro 100 gr Mehl enthalten. Das führte zu einem erlösenden Aufatmen in der ganzen Bäcker- und Konditorbranche!

- Natürlicher Waldhonig muss eine elektrische Leitfähigkeit von 0,8 MikroSiemens aufweisen. Das müsste wohl früher oder später zu qualifizierten Weiterbildungskursen für Waldbienen führen. Hallo! – Teachers, hier gäbe es noch keine Kommission und lieber Leser, auch das Präsidentenamt (€ 250.000 ++) wäre noch zu haben, den Vordenkern in Brüssel sei gedankt!

- Endlich hat die Kommission für Jeanshosen eine längst fällige Schnittform-Regel geschaffen. Jeansträger konnten seither bereits wertvolle Erfahrungen sammeln. Vermutlich war der zuständige Beamte ein Voyeur, wer sich nämlich seither bückt, präsentiert den interessierten Zuschauern seine zwei attraktiven und kahlen Backen, getrennt durch einen, je nach Statur, kleinen oder auch großen und dunklen Canyon. Die Kommission hat aber auch ein Einsehen mit den Ehefrauen gezeigt und zwingt nun über Hosen-Schnittvorschriften die Ehemänner zum Sitzpinkeln. Da die vordere Reißverschluss-Öffnung vom Bund aus gemessen nur noch ca. 4,5 cm lang sein darf, kann der gute Mann seinen besten Freund, der eben wesentlich weiter unten sitzt und auch kleiner ist als meistens eingebildet, nicht mehr hervorklauben. Die Lösung ist klar: Hosen runter und absitzen!

- Man hat aber in Brüssel nach harten Verhandlungen endlich auch die Rezepte für die Herstellung der Pizza Napoletana und der Pizza Margarita festgeschrieben. Besonders wichtig ist dabei die Vorschrift: dass man die Pizza immer frisch aus dem Ofen heraus verzehren muss. Hey! – hier fehlt in Brüssel offensichtlich noch eine Kommission: „Tiefkühlindustrie“, auch der Präsidentensessel wäre dann noch frei, vielleicht sogar mit einem Vize, Sie können sich also auch als Paar bewerben.

- Die Schnuller-Ketten-Vorschrift für Babys wurde schon mehrmals revidiert und umfasst zwischenzeitlich 52 Buchseiten und 8 Kapitel – wer sagt's denn, das Vordenken lassen wird hier zum Malochen, überlegen Sie es sich deshalb gut!

- Für die norddeutsche Tiefebene, natürlich auch für die Poebene, gibt es nun endlich neu auch eine Seilbahnverordnung, der geneigte Leser wird sich deshalb ab sofort nicht mehr fragen, warum er dort bis jetzt noch nie eine Seilbahn gesehen hat – das wird sich vermutlich dann ändern, wenn sich die EU an James Bonds Besuch auf dem Piz Gloria erinnert und man deshalb in der italienischen Po-Ebene einen ähnlichen Berg aus lauter EU-Bürokraten-Mist anhäuft, sodass durchaus ein gewaltiger Berg entstünde, auf dessen Spitze sich der Bau einer Luftseilbahn absolut lohnen würde. Man sieht, in Brüssel ist man vorausschauend!

- Achtung, es fehlt offensichtlich noch an einer Brüsseler-Varieté-Kommission mit Präsident und Vize und natürlich ungefähr 1000 Mitarbeitern. Da ist doch offenbar irgendeine Fachkommission fremdgegangen und hat frecherweise eine Helmvorschrift für Seiltänzer in Varietés geschaffen. Natürlich war diese Vorschrift bitter nötig, aber bitte, liebe Brüsseler, ihr wisst es: „Schuster, bleibt bei euren Leisten"!

- Das Umweltministerium hat kürzlich eine längst fällige Vorschrift geschaffen, dass normale Teebeutel nicht dem Kompost übergeben werden dürfen, da damit der bakterielle Abbauprozess im Kompost gestört wird. Hat hier jemand ein schlechtes Gewissen? Nicht nötig, aber aufpassen, es fehlt nämlich in Brüssel noch immer ein Bußen-Ministerium, natürlich mit Präsidenten und Vize! Die hundert Millionen für das Personal geht dann wohl zum großen Teil an die Teebeutel-Kontrollpolizei verloren.

- Dank des Landwirtschaftsministeriums können nun die Bauern aufatmen. Man interessiert sich nämlich in Brüssel endlich für die Popos von Landwirten – schön! – wer tut das sonst schon, wenn man für einmal von der TV-Show „Bauer sucht Bäuerin" absieht. Seiher müssen nun die Sessel der Traktoren den Popos von Landwirten normmäßig angepasst werden. Leider hat der Autor trotz intensiver Recherchen nicht herausgefunden, wie denn der Bauer-Norm-Popo aussehen soll. Man sieht, es gibt noch viel zu tun in Brüssel.

- Manchmal denken aber die Kommissionspräsidenten mit ihren Mitarbeitern einmal ganz unbescheiden an sich selbst. Kommissionsarbeit in Brüssel stresst, und Stress, man weiß es, macht impotent. Deshalb die Viagra-Vorschrift, welche den Mitgliedern auf Wunsch die Pille unentgeltlich überlässt. Verständlich, schließlich muss man auch an den Nachwuchs für neue Kommissionsmitgliederchen denken. Wenn Sie sich nun in Brüssel bewerben, würde ich Ihnen auch bei Impotenz trotzdem nicht dazu raten, dies in den Bewerbungsunterlagen zu erwähnen. Der Stress kommt noch früh genug!

- Zum Schluss, und wenn wir schon beim Thema sind, noch die Kondom-Verordnung. Wichtig sind dabei vor allem die Volumenvorschriften. Man ist hier in Brüssel sehr sicherheitsbewusst und hat das minimale Aufnahmevermögen des Kondoms auf 5 Liter festgelegt. Sollten Sie, lieber Leser, bei der letzten Volumenmessung von Ihrem Ejakulat lediglich vier Liter oder vielleicht sogar noch ein bisschen weniger festgestellt haben, dann fallen Sie nun bitte nicht in eine Depression. Man hat nämlich in Brüssel sicherheitshalber nach langen Überlegungen noch ein wenig Zusatz-Marge eingerechnet, falls die Dinger versehentlich einmal von Elefanten benutzt werden sollten!

Damit haben wir wohl den größten Spender an möglichen Vordenkern erwähnt. Stimmen aus dem vereinigten Königreich deuten aber neuerdings darauf hin, dass es auf der Insel Europäer gibt, die eher skeptisch auf das rührige und musterhafte Brüssel schauen. Auch wenn man das kaum verstehen kann, geben wir rein fairerweise nun auch noch Großbritannien, also

den Briten

eine Chance, sich als Vordenker anzubieten. Die haben nämlich herausgefunden, dass die absolut niedrigste Arbeitslosenquote von Europa oder der Welt in der Schweiz notiert wird. Die Schweiz ist aber kein EU-Mitglied, dafür aber reich! Der Schweizer Franken wird dabei immer stärker und stärker, während das britische Pfund immer schwächer und schwächer wird. Jetzt wird es kritisch mit dem Vordenken. In einem riesigen großen und gemeinsamen Staatenbund mit einer einheitlichen Währung spielt der Wert der Währung intern natürlich keine Rolle. Euro ist Euro. Die Briten haben sich aber nicht für den Euro entschieden und möchten nun zusätzlich, wie die Schweizer schon immer, nicht mehr Mitglied der EU sein. Natürlich rechnet man jetzt in England mit einer Wertsteigerung des Pfundes à la Suisse, was aber ein tödlicher Fehler sein wird. Großbritannien ist auf Export angewiesen, dieser wird immer lukrativer, je tiefer das Pfund bewertet ist. Als Nichtmitglied müssen die Briten aber zusätzlich mit (Straf-)Zöllen der EU rechnen, was sich auf die Wirtschaft verheerend auswirken kann. Wenn nun die Volkswirtschaften der Schweiz und Großbritannien etwa gleich groß wären, würde eine gewaltige Flucht der Währung £ in den CHF stattfinden, weil aber 50% der Briten der Sache nicht trauen, was die tödliche Wertsteigerung des CHF wieder etwas mildert, wird sich nun auch der Exportwert des Pfundes angenehm senken. Eine Flucht von eher einzelnen mit spekulativem Gedankengut gesegneten Briten in den an sich verpönten Euro wird wohl auch stattfinden. Das macht dann die Schweizer glücklich, zudem ist das BIP der beiden Länder stark unterschiedlich, sodass die Schweizer den Austritt der Briten, wenn auch leidend, überleben werden. Der „Brexit" wiederum bringt für die europäischen Spekulanten und Börsenzocker ein Eldorado in Milliardenhöhe. Das kann leider nicht vermieden werden, oder die Schweizer müssten sich mindestens für einen Beitritt zur Eurowährung entschließen, was wohl von den verbliebenen Selbstdenkern ausgeschlossen wird. Zudem wäre dann in der Not auch der US-$ zum Zocken wieder gut genug.

Erinnern wir uns kurz an den Vordenker EU. Hier scheint ja nun wirklich nicht alles, was glänzt, auch tatsächlich Gold zu sein. Die Bürokraten der EU fressen sich dabei selbst auf und die Politiker der 27 Staaten kleben jeweils an ihren Sesseln, zuhause aber auch in Brüssel. So fehlt allen der dringend nötige Mut, endlich für Besserung zu sorgen und den ganzen Bürokratenmist inklusive Bürokraten dem Müll zu übergeben.

Schon bald werden die Briten registrieren, dass ja ein europäisches Wirtschaftssystem existiert und funktioniert. Dabei sind die Briten, genauso wie die Schweizer, ein wichtiges Mitglied in diesem Club, eines Clubs, aus dem man aber nicht austreten kann, oder man wäre ein für alle Mal pleite! Nur der „Wirtschaftsklub-Europa“ hat eine Allergie gegenüber jeder sich aufblähender Bürokratie. Dies wird mittelfristig automatisch dazu führen, dass es sowohl den Briten wie auch den Schweizern wirtschaftlich zunehmend besser geht. Da beide Nationen bezüglich des Handels-Partners EU nun die gleichen Probleme lösen müssen, Stichwort „Bilaterale Verträge“, schließen sich Briten und Schweizer zusammen und vergrößern ihren Machtanspruch als Verhandlungspartner. Gleichzeitig schauen die verbliebenen EU-Länder mit zunehmendem Neid auf das Gespann GB/CH, welches sich zwischenzeitlich durch Island, Liechtenstein, Norwegen, Russland (Staunen sei erlaubt!), San Marino und Weißrussland selbst ergänzt hat. Natürlich hat das zur Folge, dass weitere Exits zu befürchten sind. Wer ist der Nächste? – F-exit? It-exit? – man weiß es nicht!
Es ist zu vermuten, dass in ferner Zukunft dann ausgerechnet ein Schweizer wohl den visionären Vorschlag einbringen wird, aus den Wirtschafts-Club-Mitgliedern, einen Bundesstaat EUROPA zu gründen. Dieser neue Staat hat gleich viele Hauptstädte wie jeweils Mitglieder, jeder Staat bloibt absolut autonom und macht seine Gesetze, den Tugenden der Mitglieder angepasst, jeweils selber. Die politischen Systeme können sich verändern und gegenseitig anpassen, müssen es aber nicht! Als erstes gibt es eine einfache Bundes-Staats-Verfassung, welche lediglich ein rein defensives und einheitliches Abwehrsystem wie

eine gemeinsame Währung vorschreibt – und aus, die Maus! Es gibt weiter einen Staatsrat, jeweils bestehend aus den aktuellen Staatspräsidenten, welcher rein konsultativ über Probleme berät und Lösungsvorschläge macht. Solche Vorschläge können von den einzelnen Staaten autonom übernommen, aber auch abgelehnt werden. Man registriert mittelfristig laufende Fortschritte, welche meistens durch drängende Einflüsse aus der Wirtschaft geprägt wurden und von den einzelnen Staaten in der Folge früher oder später, aber allenfalls auch nie, umgesetzt werden. So versteht sich eine moderne und erfolgreiche Demokratie in Europa.
So ist dann paradoxerweise der Austritt der Briten aus der Union der spätere Auslöser für die Gründung eines echten und vor allem liberalen Bundesstaates Europa. Sie möchten hier Ihren Vordenker finden? Oder ist Ihnen die Sache doch zu unsicher, dann können Sie sich ja auch einer harmlosen

Conchita Wurst

zuwenden. Bei dieser Variante von Vordenken kommt der Autor in einen Konflikt, hat er doch eingangs des Buchs versprochen, dass bei der Abfassung der Texte jeweils die männliche Form verwendet würde, dabei sei aber immer auch die weibliche Form gemeint! Auf den ersten Blick könnte das ja aufgehen. Wenn wir nämlich den bärtigen Herrn Wurst erwähnen, müsste in der Logik auch die weibliche Form gemeint sein. So machen wir also aus dem Herrn Wurst eine Frau Conchita Wurst – é voilà – es geht auf! Wenn nun aber hier einer singt wie ein Hans-Wurst, machen wir eben aus der Wurst die Wurst, was ja wohl orthografisch richtig ist und schon ist die Pflicht der jeweiligen Verwendung beider Formen wieder erfüllt. Herrlich! –

der Herr Wurst drängt sich deshalb als Vordenker geradezu auf, Sie dürfen natürlich auch lesen: „Fraulich! – die Frau Wurst drängt sich deshalb als Vordenkerin geradezu auf“. Da wir leider aus dem Bart schlecht eine Bärtin machen können, verwenden wir doch bei der Conchita, oder muss es wohl, heißen: „bei die Conchita?“ – einfach an Stelle des Bartes den Begriff: „Die Bartstoppeln“, é voilà – es geht schon wieder auf. Eigentlich wurde ja der angesprochene Sänger erst durch den „Eurovision Song Contest“ bekannt, wo der Sänger als die Sängerin auftrat und am Ende den Wettbewerb sogar noch gewann. Böse Zungen, welche sogenannt aus der Schule plauderten, haben übrigens verraten, dass die Wurst geschworen hätte, sie würde, sollte sie diesen Wettbewerb gewinnen, symbolisch die Bartstoppeln abrasieren. So würde sie eben wieder zu einem Er, also einem echten Hanswurst. Verrückt! – Ein Vollbart macht demnach einen „Er“ zu einer „Sie“, während ein glatt rasiertes Gesicht die „Sie“ wieder zu einem „Er“ macht!

Der Eurovision Song Contest ist wiederum eigentlich gar kein Gesangs-, Musik- oder Tanzwettbewerb, auch wenn das hin und wieder vermutet wird, nein es ist ein Rennen unter den Fernsehstationen über die höchsten Einschaltquoten. Der Zuseher als Wähler und Anrufer ist dabei lediglich in der Masse gefragt, die einzelne Wählerqualität oder gar deren Intellekt spielt dabei keine Rolle, einzig schamlose Chauvinisten sind gefragt und sind dann erst noch entscheidend für einen Sieg. So gilt die Tradition, dass ein Künstler aus Österreich natürlich die Stimmen der deutschsprachigen Chauvinisten erhält. Dann die Chauvi-Stimmen der Nachbarländer wie Ungarn, Italien, Tschechien, Slowenien und der Slowakei. Dabei muss der Künstler beispielsweise Stimmen aus Holland, Belgien, Frankreich, etc. natürlich vergessen. Fehlt nur noch, dass die Zuseher zuhause jeweils die Welle machen. Wenn nun zum Beispiel eine Wurst noch schwul ist, dann kommen natürlich noch namhafte Quoten aus der entsprechenden Szene dazu. Allerdings, schauen wir uns den Intellekt der Zuschauermassen, welche da vor der Glotze sitzen, etwas genauer an. Wenn ein Mann mit bürgerlichem Namen Thomas Neuwirth heißt und sich in der Folge selbst umtauft, um offiziell als **Wurst** an einem „concours de l'eurovision de la chanson" teilzunehmen, zeigt das eigentlich schon viel. Auch wenn der offizielle Anlass inzwischen umgetauft ist, intellektuell wertvoller ist er damit nicht geworden. Neuwirth zeigt damit nämlich gleich selbst auf, dass an dieser Veranstaltung eigentlich jede Wurst teilnehmen kann, da das Niveau der Veranstaltung nun wirklich nicht mehr zu unterbieten ist. Wenn dann aber die Publikumsmassen genau diese Wust noch zum Sieger erklären, statt aus Protest ihr Votum zu dieser primitiven Veranstaltung zu verweigern, dann stellen sich hier die Glotzer-Massen gleich selbst ihr Zeugnis aus! Wenn Sie, lieber Leser demnach Conchita als Vordenkerin auswählen, weil Sie das Verkleidungs-Spiel schmunzelnd gecheckt haben und sich deshalb an echter Satire ergötzen können, ja, dann gut so! Nein? – Ja dann bleiben wir ein wenig in der Szene und beleuchten

das Schweizerische Rote Kreuz

als Vordenkerin. Hier will man das Risiko einer Übertragung von Krankheiten bei Blutentnahme endlich massiv lindern. Dazu stellt die Organisation vier gescheite Regeln auf, welche helfen sollen, obige Zielsetzungen auch zu erreichen.

Regel 1

Spender beider Geschlechter, die in den vergangenen vier Monaten nur einen Sexual-Partner hatten, sind als Spender akzeptiert.

Prima, wer der einzige glückliche Partner war, spielt dabei so oder so keine Rolle, sodass nun wirklich beinahe nichts mehr passieren kann. Das Problem entsteht aber dann, wenn die liebe Ehefrau zum Partner sagt:
„Schaa-atz!, heute ist Blutspenden in der Turnhalle, ich habe uns gleich beide angemeldet."
„Mhmmm – ich fühle mich da aber nicht so, du weißt ja, die Geschäftsreise vorige Woche war sehr anstrengend."
Okay, wenn sie's naiv glaubt? Oder man (hier ist jetzt wirklich Mann gemeint!) nimmt doch besser das Risiko, denn der Seitensprung hat schließlich einen sauberen Eindruck hinterlassen. Ob die Ehefrau dem Göttergatten das „Mhmmm, mir ist nicht so zum Spenden" glaubt oder nicht glaubt, ist unwichtig. Entscheidend ist am Ende, was das ROTE KREUZ glaubt!

Regel 2

Ja, da zeigt das Rote Kreuz sein überragendes Denkvermögen:
Wenn der Spender zwei Sexualpartner hatte, kommt eine Spende nur noch in Frage, wenn das letzte Fremdgehen mehr als einen Monat zurückliegt.

Prima, was machen wir jetzt als Ehemann, wenn das letzte Rammoln mit der Affäre schon über einen Monat zurückliegt? Gar nichts – wir spenden selbstverständlich! Das vermeintliche Rumpeln im ehelichen Schlafzimmerschrank letzte Woche, als der Gatte etwas früher von der Arbeit heimkehrte, war sicher auf übermütige Mäuse zurückzuführen. Die unvermittelte Migräne der Gattin im gleichen Moment war eben Zufall, umso mehr, als der heimkehrende Ehemann ob der provozierenden Sexy-Bekleidung oder eben nicht Bekleidung der Liebsten eigentlich erotische Gedanken gehabt hätte. Pech!

Regel 3
Je mehr Sexualpartner, desto länger die Wartefrist für eine Spende. Die Karenz kann bis zu zwölf Monate dauern.

Prima, wenn da einer pro Woche so in zwei bis drei unterschiedliche Betten hüpft, dem soll das RK einmal erklären, wie denn so ein Schwerenöter wohl jemals zu einer Abstinenz von zwölf Monaten, beziehungsweise zu einer tolerierbaren Blutspende kommt. Vielleicht mit 90?

Regel 4
Neu können nun auch Prostituierte, Drogenabhängige oder Reisende aus AIDS-Risikoländern spenden, sofern sie da oder dort nur einmal branchenspezifischen Sex in den letzten zwölf Monaten hatten. Allerdings kann diese Kategorie erst spenden, nachdem sie mindestens ein Jahr sexuell abstinent gelebt hat!

Prima, man darf oder das ROTE KREUZ kann mal davon ausgehen, dass unter diesen liberalisierten Bedingungen die Szene in Massen vor dem Spende-Zentrum Schlange stehen wird!

NEUE PHILOSOPHIE
Zukünftig macht das RK keinen Unterschied mehr zwischen dem Sexverhalten von Heteros oder Homos.

Prima, leuchtet ein! Ob man (schon wieder ist hier tatsächlich der Mann gemeint) seinen „besten Freund“ in zärtlicher Vereinigung mit der Partnerin sanft in den natürlichen, weichen und natur-geleetierten Gang einführt, ganz so wie das die Schöpfung eigentlich geplant hat, oder ob man den „besten Freund“ hart, brutal und kräftig in den mit Scheiße gefüllten Stuhlgang (der Begriff muss hier leider wortwörtlich genommen werden) des Partners hineinwürgt, wie es eben die Schöpfung garantiert nicht vorgesehen hat, der geht mit seinem Homo-Partner bezüglich allfälligen Verletzungen und Blutungen natürlich das genau gleiche Risiko ein wie ein Hetero-Paar! Da kann man der Logik des Roten-Kreuzes problemlos folgen, auch wenn man (hier sind wieder beide Geschlechter gemeint) dieses Kapitel vor dem Essen besser meiden sollte!

Vielleicht schätzen Sie die überwiegend positiven Aktivitäten des RK, trotzdem sollte die Wahl des Vordenkers gut überlegt sein. Sie können sich nicht anfreunden? – dann prüfen Sie doch einmal

die Mitgliedschaft in einer Loge

Diese konservative Art einer Vereinsmitgliedschaft hat Tradition, schon seit Jahrhunderten! Im Vordergrund steht die immerwährende Suche nach seelischer und geistiger Weiterentwicklung des Individuums zu einem guten Menschen.

Natürlich muss man sich fragen, wie das nun gemeint ist. Unter Menschen verstehen nämlich die Logen-Brüder nur die Männer, Schwestern sind da unerwünscht, es sei denn, dass jemand benötigt wird, um die Brüder zu bekochen, oder man braucht jemanden, um das Logenheim zu fegen.

Dies lässt nun zwei Interpretationen zu:

1. Die Logenbrüder gehen davon aus, dass die angestrebte Entwicklung bei Frauen zwecklos ist oder
2. Frauen sind bereits gute Menschen und müssen sich nicht mehr um eine solche Weiterentwicklung kümmern.

Es ließ sich leider niemand finden, der aufzeigen konnte, welche Deutung nun zutreffend sei. Wer hier ein Mann ist und Vordenken lassen will, muss allerdings tief in seinen Geldbeutel greifen. Ein paar Tausender pro Jahr dürfen bzw. müssen es schon sein. Mit diesen Geldern und je nach Brieftasche mit namhaften zusätzlichen Spenden werden dann karitative Zwecke verfolgt und natürlich finanziert. Lobenswert! Wie wird man aber Logenbruder? In erster Linie braucht man gute Referenzen, einen Patenonkel, der für den Neuling bürgt, und einen gut situierten Lebensstandard. Der Verein unterstützt zum Beispiel großzügig arme Kinder eines Waisenhauses, er will aber unter allen Umständen vermeiden, dass er verarmten Brüdern aus der Loge finanziell unter die Arme greifen muss. Das hat einen raffinierten Grund! Logenbrüder sind nämlich erfolgreich und haben ihre Schäfchen am Trockenen. Das wird erreicht in dem man sich gegenseitig treu ist und sich dabei vor allem geschäftlich kräftig protektioniert. Man sorgt demnach gegenseitig für das Wohlergehen aller Brüder und natürlich vor allem auch für den eigenen Wohlstand!

Wenn der geneigte Leser sich nun begeistert in einer Freimaurer-Loge anmeldet, um dort vor denken zu lassen und dabei erwähnt, dass er als Geschäftsmann schon lange auf so ein attraktives Beziehungsnetz gewartet hätte – ja dann hat er bereits verloren. Protektion ist in einer

Loge absolut unerwünscht, schließlich denken gute Menschen nicht ans dicke Portmonee - nein sie helfen selbstlos bedürftigen Bürgern. Hat hier jemanden einen Widerspruch entdeckt? Okay, dann verdeutlichen wir das Ganze mit einigen Beispielen:

Ein Bruder möchte bauen und sucht nun einen Bauunternehmer. „Lieber Bruder, ich habe vernommen, dass du bauen willst. Also, nicht, dass ich etwa in der Loge wäre, um Bauaufträge zu bekommen – um Himmels Willen nein – aber da du nun schon mal bauen willst, ich könnte dich da mit guter Qualität unterstützen!"

„Hab dank, lieber Bruder, das ehrt mich aber, dich als Bauunternehmer zu bekommen."

Und schon läuft das Geschäft zu einem Freundschaftspreis, versteht sich doch von selbst! Bemerkungen à la „Ich hätte aber lieber an Stelle eines Freundschaftspreises einen günstigen Preis!" sind unter Brüdern dann streng verpönt.

Oder:

„Lieber Bruder, du bist doch Chef des Finanzamtes. Nun, ich habe ein Problem und weiß natürlich, dass du mir in deiner Position nicht behilflich sein kannst. Aber vielleicht kennst du ja jemanden, der mir helfen könnte."

„Ja, lieber Bruder, das siehst du natürlich richtig – nun – es bleibt ja unter uns – ich kann mich im Amt ja einmal umsehen! Ich weiß ja, dass du nicht etwa in der Loge bist, um allenfalls Vorteile zu erlangen."

„Lieber Brudor, ich muss wohl bald meinen BMW einstampfen, du bist doch Direktor Im Werk-Münchcn und kennst sicher eine vertrauenswürdige Garage!"

„Ja, lieber Bruder, wir dürften eigentlich nicht direkt verkaufen – du weißt schon – aber für dich kann ich da etwas machen, es bleibt ja schließlich unter uns, gell, lieber Bruder?“

Also, man ist definitiv in einer Loge, weil man ein guter Mensch ist. Wenn allenfalls unter Brüdern für einmal ein Geschäft abgewickelt werden sollte? – wäre das ein Zufall und hätte mit dem Logen-Leben rein gar nichts zu tun! So erhalten Logenbrüder ein geheimes Adressbuch, in dem alle wesentlichen Daten der Mitglieder weltweit aufgeführt sind. Dabei gilt, ein Logenbruder ist jederzeit weltweit bei jedem anderen Bruder als Gast willkommen. Wenn man da privilegiert ist, in so ein Buch Einblick zu nehmen, kann man schon ins Staunen kommen, wenn man unter den Prominenten auch da und dort einen Staats-Präsidenten als Gastgeber vorfindet. So können Sie beim nächsten Urlaub in den USA das Wohnmobil sparen und sich gleich beim Mister Bush als Gast in Dallas anmelden – praktisch!

Wenn so der Sohn von Bruder A einen Job in den USA sucht, dann nimmt Bruder A das Buch zur Hand und findet in den USA den Bruder B mit den entsprechenden Kompetenzen. Jetzt genügt ein Anruf in die USA – die Nennung des streng geheimen Code-Wortes, welches regelmäßig wechselt, ist jetzt eine absolute Vorbedingung und schon ist der Filius im Besitz einer „Green-Card“ nebst einem tollen Arbeitsvertrag. Ja, so einfach ist das!

Natürlich akzeptiert man unter Brüdern sogenannte „Freundschaftspreise“. Dafür lässt man sich dann mit dem Bezahlen der Rechnung reichlich Zeit. Einen Bruder anmahnen? – sollte man blitzartig vergessen, das gehört sich nicht unter guten Menschen. Man sieht, auch unter guten Menschen menschelt es

Wer vorläufig immer noch selber denkt und auch hier seinen Vordenker noch nicht gefunden hat, der kann sich ja apropos guter Mensch einmal an

Kim Jong-un

wenden, den Sohn von Kim Jong il. Ein braver Junge, welcher schon mit 10 Jahren von seiner Tante eine Generals-Uniform geschenkt bekommen hat. Seit diesem Tag bildet sich das Kind ein, ein wirklicher General zu sein. Allerdings scheint nun eine gentechnische Fehlentwicklung zu verhindern, dass der Kleine erwachsen wird. Das wäre denn weiter auch nicht so tragisch gewesen, wäre nicht sein Vater Kim Jong il schon 2011 gestorben und das Kind hätte nicht schon im zarten Alter von 27 Jahren, noch grün hinter den Ohren, die Aufgaben seines Vaters übernehmen müssen. Musste er aber und so spielt er nun gerne, in einer zwischenzeitlich seinen rundlichen Formen angepassten Generalsuniform, so wie das andere Kinder auch tun, mit Zinnsoldaten, Raketen, Pänzerchen und vielem anderen Kriegs-Spielzeug. Wer ihm die neuste Generalsuniform geschenkt hat bleibt allerdings unbekannt. Spielt aber keine große Rolle mehr, glaubt er doch noch immer, dass er in so einer Uniform auch ein richtiger General sei. Leider sind nun aber seine Zinnsoldaten lebendig geworden, seine Raketen eventuell interkontinental flugfähig und seine Panzer tonnenschwer. Der Kleine wird gefährlich, wie seinerzeit Napoleon, der auch glaubte, er sei der Größte! Trotzdem wünscht man ihm kein Waterloo, schließlich ist den Amis auch nicht zu trauen. Im Moment prahlt nämlich der Lausbube, dass er die USA erfolgreich angreifen könne. Dass er das tut, ist ihm leider zuzutrauen. Dass dies zu einem Waterloo führen könnte, ist voraussehbar, wobei niemand weiß, wer diesmal das Waterloo erleben würde. Für Kim Jong-un wäre ein solcher Untergang eine Premiere, die USA kennen das schon zur Genüge. Nun, wer ein „Möchtegerngroß“ werden will, kann hier vordenken lassen, andere wenden sich doch besser

Helene Fischer

zu, welche nun tatsächlich die Größte ist, was sie uns dann auch deutlich wissen lässt. Die geborene Russin macht die Fans wirklich, wie auch ihr Song es sagt, atemlos. Wer ihre Show am TV kennt, kommt nicht umhin, ihr Respekt zu zollen. Einem Respekt, den man bei der Fischer dann vermisst, wenn sie zusammen mit gestandenen Stars jeweils im Fernsehen auftritt. Auch wenn sie es kann, fragt man sich, ob es wirklich nötig ist, Hits von prominenten anderen Stars regelmäßig nach- oder mitzusingen? Da stehen dann bekannte Künstler wie begossene Pudel da, wenn die Fischer denen quasi vorsingt: „So könnte euer Erfolg noch besser tönen, aber ihr seid eben keine Helene Fischer!“ Wie zuvor Kim Jong-un ist die liebe Frau wohl dem Größenwahn verfallen. Dieser kommt bei ihr doch einiges sympathischer daher! So darf man auch die Helene als Vordenkerin auslesen, gefährlich ist das auf keinen Fall, höchstens harmlos! Sie geben sich damit nicht zufrieden? – Ja dann wenden wir uns eben einmal den

Massenmedien

zu. Nachdenken ist nun nicht mehr harmlos. Man nennt diese Kategorie die vierte Gewalt im Staat, die aber noch etwas mächtiger ist als die drei ersten Gewalten. Meistens auch noch etwas dümmer. Man weiß es, Menschen tun in ihrer Verzweiflung manchmal Dinge, die man nur schwer nachvollziehen kann. Da klingelt auf der Redaktion das

Lesertelefon. Der Anrufer ist ein völlig verzweifelter Mann: „Ich will, dass ihr wisst, was ich euch nun gleich erzählen werde.“ Der Mann weint und schildert eine herzzerreißende Geschichte, welche er veröffentlicht wissen möchte. Alle sollen es wissen! Jetzt teilt er mit, dass er mit diesem Anruf soeben noch das getan hat, was er tun musste. Dann schluchzt er in den Hörer, dass er sein Leben nun beenden werde. „Klick“ – und die Verbindung ist unterbrochen. Ein junger Mann in der Redaktion kennt die Adresse des Anrufers und will gleich losspurten. Das ist jetzt seine Chance als Journalist. Ein schon erfahrener Kollege am großen Schreibpult packt den Heißsporn am Arm: „Halt, halt, nur die Ruhe kann es bringen. Lass doch dem Mann auch die Zeit, dass er sein Vorhaben ruhig in die Tat umsetzen kann. Ein tränenüberströmter Mann, der in seinen zitternden Händen eine Waffe hält, ist doch kein Reißer. Ein bisschen verspritztes Blut an der Wand und eine Leiche am Boden, das bringt uns die Fotografie und den Aufhänger für Morgen!“ Auflage ist eben Auflage. Unterlassene Hilfeleistung? Ja, was soll das schon wieder. Kein Gesetz der Welt schreibt dem Reporter vor, wie viel Zeit er für das Zurücklegen des Weges zum Verzweifelten zur Verfügung hat. Die Tatsache aber, dass er überhaupt vor Ort war, beweist schließlich seine Hilfsbereitschaft, auch wenn er leider etwas zu spät kam – Schicksal! Nennt man solche Blätter wohl deshalb „Revolverblätter“? Neben solchen alltäglichen Kleinigkeiten haben aber die Medien zurzeit einen gemeinsamen Feind, den sie mit allen Mitteln bekämpfen. Auch wenn man davon ausgehen kann, dass auch angehende Journalisten an den Hochschulen in Politik ausgebildet werden, fällt es schwer genau das zu glauben. Nun, die meisten Parlamentssäle der Welt sind in einem Halbrund angeordnet. Wenn man demnach vor so einem Parlament steht und in den Halbkreis schaut, sieht man logischerweise von links bis rechts zuerst die LIN-

KEN, dann die MITTE und schließlich die RECHTEN. In Demokratien gibt es so verschiedene Meinungen, wie das eben in der Natur einer gesunden Demokratie und in der Meinungsbildung liegt.
Aber aufgepasst, die meisten Medien sind überzeugt, dass die RECHTEN eigentlich miese und radikale Linke sind, denen man nicht trauen kann. Die LINKEN aber sind eigentlich die rechten und braven, denen man vertrauen kann. Woher das kommt, weiß der Kuckuck? Vielleicht liegt es an den weitverbreiteten Ausbildungssystemen der Hochschulen. Da sitzt der Student, wenn er nicht gerade sonst wo herumgammelt, im Hörsaal und schaut, eventuell hört er sogar dem Professor zu. Aber woher hat denn der Professor da unten sein Wissen, welches er an die jungen Menschen weitergibt? Von seinem ehemaligen Professor natürlich, als dieser selbst noch Student war. Je nachdem, wie sein Professor seinerzeit herumgegammelt ist oder aufmerksam zugehört hat, kann er viel Wissenswertes weitergeben oder eben auch weniger. Auf jeden Fall kann der heutige fleißige Student, nach seiner Assistenzzeit an der Hochschule dann auch selbst einmal Professor werden, um so sein Wissen an die neue Generation abzugeben. Und so weiter geht das seit Jahrhunderten.

Sie wollen Journalist werden? – ohne Studium? – vergessen Sie es augenblicklich! Wen wundert es bei diesem System, wo Studenten von ihrem Professor vordenken lassen, um später, wenn sie nicht selbst Professor werden wollen, als Journalist in den Medien dieses Gedankengut weiter verbreiten, dass es zu den beschriebenen Erscheinungen kommen kann.

Die Moral von der Geschichte: Wer demnach „rechts“ politisiert ist,

- ein Fremdenhasser
- ein EU-Exit-Befürworter
- ein Neofaschist
- ein Nationalist
- Anti-Demokrat
- autoritär
- ein Rassist
- ein Antisemit
- natürlich stinkreich
- usw.

wer „links“ politisiert ist,

- offen
- Demokrat
- intelligent
- karikativ
- und vor allem geeignet als Journalist

Wenn Sie hier vordenken lassen wollen, müssten Sie am besten ein Akademiker sein. Kein Weg für Sie? – ja dann können Sie sich dem

Krateos, Schuhputzer aus Athen

zuwenden. Krateos ist ein fleißiger Mann und lebt in Athen. Am Bahnhof poliert er die Schuhe seiner Kunden. Jeden Tag von 7 Uhr bis 21 Uhr an sechs bis sieben Tagen pro Woche. Seine Frau besorgt in einem Außen-Quartier von Athen den Haushalt und erzieht die Kinder. Das sind keine paradiesischen Zustände, wahrlich nicht! Aber Krateos klagt nicht, er funktioniert und ist stolz, dass sein Heimatstaat Mitglied der EU ist. So liebt er auch seine Frau und die Kinder tief und ehrlich. Die wenigen Drach-

men, die er am Bahnhof täglich einnimmt, heißen zwar neuerdings Euro, zum Leben reichen diese aber trotzdem kaum, auch wenn sie sehr hart verdient werden mussten. So ist der stolze Krateos sein eigener Unternehmer, gleich wie die großen Reeder von Griechenland. Wie viele kleine Griechen, hier sind nun nicht die Reeder gemeint, ist Krateos ein Anhänger und Verehrer des neuen Ministerpräsidenten, Alexis Tsipras, den er erst vor kurzem selbst wählen durfte. Dass Griechenland volkswirtschaftlich Probleme haben soll, spürt und versteht Krateos nicht, wenn man davon absieht, dass seine Einnahmen tatsächlich laufend zurückgehen. Natürlich hört er seinem Ministerpräsidenten zu und staunt in der Folge nicht schlecht, als er vernimmt, dass sein Land in großen Nöten ist und sich maßlos verschuldet hat. Deshalb müsse man nun den Gürtel enger schnallen, mehr Steuern bezahlen und die Völlerei müsse nun ein Ende haben! „Ja der Alexis hat schon recht, tatsächlich muss ich meinen Gürtel täglich etwas enger schnallen, damit ich auf dem Athener Bahnhof nicht vor allen Augen noch meine Hose verliere."
Es tut weh, wenn man Hunger hat, aber schließlich müssen zuerst die Kinder gut versorgt sein. Natürlich hat Krateos schon daran gedacht, bei einem Geldverleiher einige Euro auszuleihen, damit er seiner Frau einmal eine kleine Freude machen kann und er sich für die Kinder vielleicht einmal etwas Besonderes leisten könne. Zum Glück weiß Krateos nicht, dass allein die hundert reichsten griechischen Reeder, wenn sie denn auf einen Viertel ihres Vermögens von X-Milliarden verzichten würden, das Schuldenproblem Griechenlands ganz einfach und im Nu lösen könnten. Diese aber meinen: „Dazu ist Brüssel da, das wäre dann noch, wenn wir dem Staat unter die Arme greifen müssten, schließlich haben wir unsere Vermögen mit Korruption bitter verdient und sind dabei gewaltige Risiken eingegangen. Wie sollen wir dabei unseren Kopf noch

über Wasser halten können, wenn wir von den mickrigen 20 Milliarden deren 5 abgeben müssten, um in Zukunft mit läppischen 15 Milliarden Vermögen unsere Familien in den Hungertod zu schicken. Und da meint doch der gute Alexis in allem Ernst, dass wir zukünftig wohl auch noch Steuern bezahlen müssten. Dabei wäre doch der Gute ohne uns niemals in dieser Position. Soll er doch seine blöden Steuern bei den stinkfaulen Schuhputzern, welche ihren Kopf vom Morgen bis zum Abend in die Sonne strecken und dabei dem Nichtstun frönen, einziehen!“
Auch wenn der gute Krateos noch immer nichts versteht, das Leben geht weiter und zu viel denken ist ungesund! Trotzdem, lieber Leser, Sie dürfen Krateos oder auch die griechischen Reeder für sich denken lassen. Natürlich können Sie sich auch an

László, den Zahnarzt von Budapest

wenden. Dies werden Sie vermutlich vor allem dann tun, wenn Sie

a) eher ein Geizkragen sind und
b) Zahnprobleme haben.

Der Làszló ist nämlich ein cleverer Mann. Schnell hat er bemerkt, dass das reiche Westeuropa für ihn kein guter Standort wäre, auch wenn ein Übersiedeln, nachdem sein Staat Ungarn nun auch der EU zugehört, kein Problem mehr darstellen würde. Er müsste für die westlichen Lebenshaltungskosten, für die Praxismiete, für die technischen Einrichtungen, wie auch für den Zahnersatz derart viel ausgeben, dass sich die Westler den Làszló gar nicht mehr leisten könnten und sein Lohn hier in Frage gestellt wäre. Das ist in Budapest dann ganz anders. Alles kostet hier nur noch ein Drittel. Der Làszló verdient dafür in der Hauptstadt dann durchaus mal das Doppelte. Sie fragen sich, wie das geht? Ganz einfach, Làszló richtet eben in Budapest ganz groß an. Eine Organisation karrt im Großraum-Car immer gleich fünf Dutzend Patienten auf einmal nach Budapest. Dafür mietet Làszló dann gleich ein ganzes Hotel an. Dort bringt er die Patienten jeweils für 14 Tage unter, um in der Folge dann wieder die nächste Fuhre dort einzuquartieren. Natürlich verdient Làszló ganz schön an den Car-Transfer-Preisen. Dann natürlich auch an den von den Patienten bezahlten Hotelkosten. Am ersten Abend nehmen die 60 Patienten an einer Willkommens-Party teil, noch bevor die armen dann am nächsten Tag auf den Stuhl kommen. Da feiert dann eine ganze Car-Füllung Party und lacht sich gegenseitig an. Das schlägt dann allerdings jeden Horror-Thriller. Fünf Dutzend Menschen grinsen sich mit ihren Zahnlücken und einzelnen schwarzen Stummeln gegenseitig an. Gefühlt geht ein übler Verwesungsgeruch durch den Partyraum.

Am nächsten Tag kommen dann die zwölf Mitarbeiter von Làszló zum Einsatz. Junge und natürlich günstige Zahnmedizin-Studenten müssen zwei Dutzend Patienten auf modernen Behandlungsstühlen abfertigen. Es heißt den IST-Zustand der Patienten aufzunehmen. Allerdings wissen die jungen Mediziner, wie das auch von Làszló zum Voraus befohlen wird, was zu tun ist! Die verbliebenen stinkenden Stummel müssen alle raus, das geht Ruck-Zuck. Ein Widerspruch der Patienten ist unerwünscht, für was hätten sie sonst die 1000 Kilometer Busfahrt auf sich genommen.

Es muss nun geklärt werden, wer nach 14 Tagen die Rechnung für 7 bis 14 Implantate plus daran befestigte Prothesenzähne zahlen kann. Das sind im Schnitt an die

40 Patienten, die verbleibenden 20 bekommen dann eben eine einfache Zahnprothese mit Kukident aufgeklebt. Zahlen müssen aber alle cash und vor Ort, da ist nichts mit Krankenkasse. Es ist ja verhältnismäßig auch äußerst günstig!

So kann Làszló die Implantate, die Zahnreihen und die Prothesen jeweils gleich im Jumbo-Paket ganz groß einkaufen, das spart! Natürlich müssen in den zwei Wochen vorerst die Wunden grob verheilen und Anpassungsarbeiten vorgenommen werden. Dabei ist die Zahnpatienten-Ladung ein sehr beliebtes Publikum. Die zahlenden Vollpensions-Gäste können nun zwei Wochen lang mit Suppe abgespeist werden, auch wenn natürlich auch Steaks im Angebot inbegriffen wären. Wenn da für einmal ein Patient tatsächlich ein feines Rindersteak bestellt, sieht man in der Folge den Hotel Boy zum Fleischer rasen – „wir haben einen Verrückten im Hotel“, bellt er heiser!

Der Abschlussabend, bevor die Patienten dann wieder die Heimreise antreten, ist jetzt der Heuler. Da lachen sich 60 gut gelaunte Patienten gegenseitig mit den haargenau gleichen Zahnreihen von der Stange an. Zum Totlachen! Nun, wieder in Westeuropa, wird die Clique wohl nie mehr gemeinsam irgendwo auftreten, sodass man das ganze am Schlussabend schon in Kauf nehmen kann.

Sie haben gute Zähne oder können sich mit dem beschriebenen Sparprogramm nicht anfreunden, ja dann können Sie zum Vordenken ja

den Schulden-Max

auswählen. Woher der Max seinen Nicknamen hat, kann sich der geneigte Leser vermutlich selbst ausdenken. Er ist eben der König im Schulden machen. Andere arbeiten hart, wenn sie sich mal was Besonderes leisten möchten. Da kann der Max in seinem Liegestuhl nur lachen und an seinem „Champagner-Cüpli“ laben. Max bestellt, was er begehrt, und wird dabei fürstlich behandelt und beliefert. Dass er gar kein Geld hat und von seiner Freundin lebt, weiß eben niemand. So wird heute der neue Cinemascope-TV mit einer Bildschirmbreite von 280 Zentimetern angeliefert. Rechnung € 4800.00 beiliegend. Man kann sich vorstellen, wie Betty, seine Freundin, gestrahlt hat, als Max ihr zum Geburtstag gratulierte und ihr sein Geschenk, unter dem Festtags-Tischtuch versteckt, feierlich überreichte. „Nimm es mir nicht übel, liebe Betty, aber ich möchte dich nur rein der Form halber bitten, doch auf der beiliegenden Schenkungsurkunde zu bestätigen, was du heute von mit geschenkt bekommen hast.“ Dann stoßen sie beide festlich auf die neue Errungenschaft an!

Nachdem beim Lieferanten nach 45 Tagen kein Geld eingegangen ist, erinnert man Max sehr freundlich daran, dass ihm wohl die Bezahlung der Rechnung für die neue Heimkino-Anlage versehentlich untergegangen sei. Max wirft aber das Papier in den Müll und ärgert sich über die Umweltverschmutzungen, die solche unnötigen Papiersendungen verursachen.

Zwei Wochen später erhält Max wieder eine Mahnung, welche etwas unfreundlicher abgefasst ist. „Man kennt das schon, die haben heutzutage einfach keine höflichen Umgangsformen mehr“, beklagt sich Max und wirft den Wisch verärgert in den Mülleimer!

Weitere 14 Tage später droht doch der Lieferant tatsächlich, dass man die Zwangsvollstreckung gegen Max einleiten würde, wenn der Betrag nicht bis zum Monatsletzten eingetroffen sei. Max wirft das Papier in das Kaminfeuer und nippt an seinem Cüpli, muss er doch seine Nerven schonen.

So trifft schlussendlich der Mahnbescheid vom zuständigen Gericht bei Max ein. Max ist natürlich empört und ärgert sich darüber, dass es offensichtlich Leute gibt, die offenbar nichts Gescheiteres zu tun haben, als Max zu ärgern. Max erhebt sich also von seinem Liegestuhl und schreibt dem Gericht in einem Widerspruch, dass er keine Heimkinoanlage besitze und also eine solche auch nicht bezahlen werde, Punkt!

Es findet schlussendlich, es sind zwischenzeitlich mehr als sechs Monate vergangen, ein Verfahren statt. Da Max weder über ein Einkommen noch über ein Vermögen verfügt und also die Forderung auch nicht begleichen kann, will das Gericht die Heimkinoanlage beschlagnahmen und an den Lieferanten zurückgeben.

Da haben sie allerdings die Rechnung ohne Max gemacht. Max erklärt, dass er die Anlage vor mehr als sechs Monaten verschenkt habe und präsentiert die Schenkungsurkunde. Der Anwalt des Lieferanten spricht von Rechtsmissbrauch! Das schmettert Max, der hier ein Profi ist, umgehend mit der Begründung ab, dass man nach einem halben Jahr nicht mehr von Rechtsmissbrauch sprechen könne.

So gehen Max und Betty, d.h. natürlich nur Max, in die Insolvenz und können nun ihr Heimkino noch sechs Jahre, bei Cüpli und Sushi, genießen. Dann ist Max bezüglich der

Heimkinoanlage schuldenfrei. Allerdings ist die Anlage nun veraltet und Max muss sich nach was Neuerem umsehen, Lieferanten, die Max noch nicht kennen, gibt es schließlich wie Sand am Meer!

Da Max grundsätzlich ein fleißiger Kunde und Besteller ist, stapeln sich zwischenzeitlich allerdings die vielen weiteren Zahlungsbefehle und obige Prozedere werden für Max immer mehr zur Qual. Hier unterstützt ihn nun sein Hausarzt, dessen Rechnung zum Glück von der Kasse übernommen wird und nicht etwa am Ende noch Max belastet. „Herr Doktor“, klagt Max und präsentiert ihm einen gehäuften Schuhkarton voll Mahnbescheide. „Ich weiß nicht mehr aus und ein, am besten nehme ich mir wohl das Leben, ich halte alles nicht mehr aus“, schluchzt Max und die Tränen kullern ihm über die Backen. „Ja, mein Lieber“, spricht der Arzt in sich gekehrt, dann räuspert er sich und teilt ihm mitfühlend mit, dass er unter einer sehr schweren Depression leide, die nach sofortigem Handeln rufe. Max bekommt ein Rezept für ein starkes Antidepressivum wie auch ein Attest über seinen schweren Krankheitszustand. Das Medikament nimmt er in der Folge nicht ein, weiß er doch, dass diese Kategorie von Arzneimitteln im Allgemeinen impotent machen. „Das kann ich doch Betty nicht antun“, spricht Max mit sich selbst.
„Wie war‘s beim Onkel Doktor?“, fragt Betty lächelnd.
„Alles im grünen Bereich“, meint Max nun. „Ich muss nur noch schnell mein ärztliches Attest an das zuständige Gericht senden, du kannst aber schon einmal den Champagner entkorken, mein Liebling!“
„Hey Max, wieso versendest du dein Arztzeugnis?“, fragt Betty etwas irritiert.
„Ja, weißt du, Betty, gegen sehr schwer kranke Menschen dürfen keine Zwangsvollstreckungen mehr vorgenommen werden, das verbietet das Gesetz.“

„Schwer krank?“, äußert sich Betty. „Wer ist denn schwer krank, lieber Max?“
„Ach, vergiss es, liebe Betty und mach dir keine Sorgen.“ Dann erfolgt der Korken-Salut und die beiden stoßen auf ein langes und gesundes Leben an!

Ist Max Ihr Vordenker? – Oder fehlt Ihnen etwa der Mut, ja dann hilft Ihnen vielleicht der

Mustapha

ein Schwarzer. Für seine Hautfarbe kann er nichts, dafür dass er hier unter uns lebt eigentlich auch nicht. In seiner Heimat war Mustaphas Leben bedroht, sodass er den beschwerlichen und lebensgefährlichen Weg über das Mittelmeer in Kauf nahm und schließlich als einer der Glücklichen noch immer gesund und vor allem lebend in Europa ankam. Mustapha wurde auf Herz und Nieren geprüft, was man durchaus auch noch wörtlich nehmen darf, bevor er hier herzliche Aufnahme fand. In einer KFZ-Werkstätte wechselt er nun die Reifen von begüterten Automobilisten. Trotz seines sehr bescheidenen Lebensstils würde er sich eigentlich gerne auch ein altes Auto kaufen, an der Quelle dazu würde er ja arbeiten. Nur leider besitzt er keinen Führerschein und an eine Prüfung ist noch lange nicht zu denken, beherrscht er doch dazu die deutsche Sprache noch viel zu wenig. Wohl hat er sein altes Vehikel sicher und gekonnt durch das Verkehrsgewühl von Lagos gelenkt, was manchem hiesigem Veteranen großen Respekt abfordern würde. Das nützt hier alles nichts. Zuerst muss er die rund tausend Fragen, beziehungsweise dessen richtige Antworten auswendig lernen, um bei der Prüfung eine Chance zu haben. Das kann man doch, wenn man die wichtigsten Verhaltensregeln im Straßenverkehr kennt, denken Sie jetzt. Nein, kann man eben nicht. Einheimische, routinierte und seit 20 Jahren unfallfreie Lenker eines Motorfahrzeuges würden, wenn man sie heute spontan und überraschend zur Prüfungswiederholung in der Theorie aufrufen würde, alle sang und klanglos untergehen – mit Garantie! Die Fragen sind nämlich derart doof und idiotisch, dass niemand deren Sinn versteht. So bleibt den Green-Hörnern nur der Weg über das auswendig Lernen von ungefähr tausend Multiple-Choice-Ankreuzungssituationen. Das richtige Verhalten auf der Straße ist dabei völlig unnötig und unwichtig, was sich täglich auf unseren Straßen leicht beobachten lässt. Mustapha aber hat hier keine Chance, weil er schon die Frage nicht lesen kann, welche Deutschsprachige auch nicht verstehen, aber wenigstens kopfschüttelnd lesen können.

So benutzt Mustapha täglich die öffentlichen Verkehrsmittel, wozu (noch) keine Prüfung notwendig ist. Dabei ist der arme Mustapha wie alle anderen aber auf eine gültige Fahrkarte angewiesen und, nicht wie alle anderen, auf einen gültigen Personalausweis. Unter dem Begriff „alle anderen“ sind nämlich die Weißen zu verstehen. Wenn Sie von weißer Hautfarbe sind und gelegentlich die öffentlichen Verkehrsmittel benutzen, dann stellen Sie sich doch einmal die Frage, wann Sie zum letzten Mal auf der Straße spontan aufgefordert wurden, sich persönlich auszuweisen. Sie können sich nicht erinnern? – Das wäre absolut normal, allerdings nicht, wenn Sie von schwarzer Hautfarbe sind, da ist dieser Akt eine Selbstverständlichkeit, welche Sie nun mehrmals pro Woche erleben dürfen. Schwarz ist eben suspekt und erweckt das Misstrauen unserer Gesetzeshüter. Hat hier der Autor im Unterbewusstsein soeben das Wort „Rassisten“ gehört? Nein, das kann nicht sein, schließlich sind wir eine offene, freiheitliche und tolerante Gesellschaft. So tun hier die Polizisten nur ihre Pflicht, und wenn auf dem Ausweis **nicht** steht, „ACHTUNG TERRORIST", lässt man schließlich den Überprüften wieder seines Weges gehen und hat jetzt mit Sicherheit einen potenziellen Terrorakt vermeiden können – weiter so! Sie haben Ihren Vordenker noch immer nicht gefunden? Ja dann wenden Sie sich doch einmal

der Justiz

zu. Hier gelten noch die Buchstaben und das Geschriebene. Natürlich gibt es Richter, welche glauben, sich im Strafrecht gut auszukennen, wie eben auch solche die sich zivilrechtlich herumtummeln. Studiert sind sie alle durchs Band weg, was das bedeutet, hat der geneigte Leser schon im Kapitel „Medien und Journalisten" erfahren. Wer nun noch gerne etwas gesunden Menschenverstand als Beilage hätte, verpflegt sich hier garantiert mit verdorbenem Essen, Magenkrämpfe wären dann die Folge.

Nehmen wir einmal an, Sie haben eine Rechnung wie immer pünktlich bezahlt. Der Aussteller der Rechnung ist in Buchhaltung schwach auf der Brust und behauptet nun frech: „Sie haben nicht bezahlt – also sofort zahlen, oder wir werden das Geld zwangsweise einkassieren."
Natürlich schütteln Sie den Kopf und sagen sich, dann warte ich eben das gerichtliche Verfahren ab, bestreite in der Folge meine Schuld und lege einwandfreie Beweise vor, welche meine Behauptung hieb- und stichfest bestätigen. So einfach ist das in einem Rechtsstaat, wenn man die Rechnung ohne die Juristen macht.
Der vermeintliche Gläubiger aber hat keine Lust den offiziellen Rechtsweg zu beschreiten und wendet nun Druck-

mittel a la „Russenmafia“ an. „Entweder du bezahlst oder … du weißt schon!“

Nicht mit mir, denken Sie nun? Ist ja nur verständlich! Diesen Lümmeln mache ich jetzt Beine und lege Strafklage wegen Nötigung und Erpressung ein.

Das sehen nun die Strafrichter, für was hat man seinerzeit sechs Semester studiert, ganz anders. Hier geht es um eine rein kaufmännische Rechnung, deren Bezahlung man erzwingen will. Also eine rein zivilrechtliche Angelegenheit, schließlich ist es normal, dass der Gläubiger zu seinem Geld kommen will. Dass er da auch Zwangsmittel einsetzt kann nicht verwundern: „Sie müssen halt ihre Rechnungen bezahlen!“, bringt man Ihnen bei.
„Ich habe aber bezahlt!“, werfen Sie nun ein.
„Ja das kann schon sein, hat aber nichts mit dem Strafrecht zu tun, beweisen Sie das zuerst einmal zivilrechtlich!“
„Nichts einfacher als das, Herr Strafrichter“, sagen Sie nun und offerieren ihm die amtlich quittierte Zahlungsbestätigung.
„Die interessiert mich nicht, ich bin Strafrichter, wenden Sie sich an die zivilen Instanzen – und stehlen Sie mir nicht meine Zeit!“
Wobei von stehlen eigentlich nicht die Rede sein kann, bei einer dann folgenden Gerichtsgebühr über € 400 für das Stehlen von Zeit, bzw. für das Zurückweisen einer Klage.

Am besten wendet man sich nun an die zivilen Richter, die haben schließlich auch studiert und beschweren sich dort, dass man Ihnen Prügel androht, wenn sie nicht sofort eine Summe von € 1.500 bezahlen. „Ja, guter Mann, das ist aber Strafrecht und damit haben wir nichts zu tun, wenden Sie sich doch an die Strafbehörden“, tönt es nun.

Jetzt spielt es eine entscheidende Rolle, ob Ihnen heile Knochen € 1.500 wert sind, und so bezahlen Sie eben den Betrag zum zweiten Mal. Als Masochist aber warten Sie mit Spannung das Kommende ab. Wenn die Notfallabteilung des regionalen Spitals Sie grob versorgt hat, können Sie nun Strafklage gegen Unbekannt wegen Körperverletzung erheben – Man droht Ihnen nicht mehr, nein, jetzt verprügelt man Sie wirklich, das ist jetzt mit Garantie ein Straftatbestand, der verfolgt wird. So kommen Sie am Ende zu Ihrem Recht, dass Sie zu Unrecht verprügelt worden sind. Die € 1.500 sind Sie gemäß Meinung des Gläubigers aber immer noch schuldig!

Erinnern Sie sich noch an die vordenkenden Banken? – Hier hätten wir also schon wieder ein „Perpetuum mobile"!

Es geht halt nichts über Exaktheit, sodass der geneigte Leser nun seinen Vordenker gefunden hat? – Nein, dann versuchen Sie es doch einmal mit

einem Reiseveranstalter

Urlaub ist die schönste Jahreszeit für die Meisten. Natürlich lässt man sich das auch gerne von A bis Z organisieren. Sie haben ein Zimmer mit Meersicht gebucht, sehen nun aber, wenn Ihr Blick aus dem Fenster schweift, an die Wand des Nachbarhotels. Was für eine Sauerei, denken Sie und reklamieren beim Concierge. Dieser allerdings zuckt die Achseln und meint: „Steigen Sie doch einmal auf den Schrank, wenn Sie nun bäuchlings auf dem Schrankdach liegen und die linke, obere Ecke des Fensters anvisieren, ja, dann sehen Sie das Meer."

„Oh je wie kann man aber auch so dumm sein, beim nächsten Mal reserviere ich mir ein Zimmer mit freier Sicht auf die See." Das nützt allerdings nicht viel, können Sie doch mit sehr viel gutem Willen tatsächlich ein kleines blaues Flecklein erhaschen und als Meer identifizieren. „Sehen Sie", sagt der freundliche Mann an der Rezeption, „Sie sehen das Meer und für diesen fantastischen Ausblick verrechnen wir Ihnen gar nichts extra, der Blick auf die See ist völlig frei!" Am besten lassen Sie sich deshalb in Zukunft ein Hotel reservieren, das am Meer liegt, da müsste man ja das Wasser sehen. Oder auch nicht! Sachlich geht man davon aus, dass Gebäude in einem Abstand von bis zu fünf Kilometern von der Uferzone aus gemessen noch Meereslage haben. Nicht alle betroffenen Gebäude haben aber Meersicht! Dann reserviere ich mir eben ein Hotel mit eigenem Badestrand – sehr gut. Wenn Sie sodann am ersten Morgen mit Badetuch ausgerüstet der Beschilderung „ZUM PRIVATSTRAND" folgen, wundern Sie sich vielleicht, warum der Portier Ihnen Gehörschutzpfropfen auf den Weg mitgegeben hat. Allerdings nicht allzu lange. Wenn Sie nämlich durch die Unterführung die sechsspurige Hochleistungsautobahn unterquert haben und auf den fein gerechten Privatsandstrand treffen, sind Sie froh, allein gereist zu sein! Dort könnten Sie sich mit einem Partner bei diesem Mordskrach ohnehin kaum mehr unterhalten. Natürlich freuen Sie sich jetzt, dass Sie ein Zimmer nach hinten haben, wo man die Autobahn nur noch als einschläferndes und beruhigendes Brummen wahrnimmt. Viele möchten im Urlaub am Puls des Geschehens sein, endlich hat man Zeit, einmal tüchtig zu feiern – da geht dann die Post ab. Nun, Urlaubsorte die hipp sind, wachsen, wachsen und wachsen. Wachsen bedeutet aber auch bauen. Dass nun ausgerechnet rund um ihr Hotel die Presslufthämmer donnern und die Giga-

Bagger den Fels aufkratzen, ist dann einfach nur Pech. Am Puls des Geschehens sind Sie so auf jeden Fall.

Ach wie herrlich, das Luxushotel liegt direkt an einem flach abfallenden Strand. Jetzt liegt es wirklich direkt am Strand! So können Sie sich auch als Nichtschwimmer gute 200 Meter hinaus wagen. Immer noch Boden unter den Füssen können Sie nun planschen und jauchzen, eben den Urlaub in vollen Zügen genießen! Achten Sie aber darauf, dass Sie 200 Meter vom Strand ihre Zehen nicht an einer hier endenden Rohrleitung wund schlagen oder sich gar verletzen. Eine bösartige Infektion könnte die Folge sein. Am Ende dieses Rohrs kollern nämlich die Häufchen, welche die Hotelgäste im Luxusbad des Hotels der Toilette mit viel Erleichterung übergeben haben, am Ende wieder aus dem Rohr. Solche undefinierbaren und komischen, algenähnlichen Knollen enthalten natürlich unangenehme Bakterien, die mit Ihrer Verletzung nicht unbedingt in Kontakt kommen sollten. Zum Glück ist Meerwasser sehr salzhaltig, sodass man kaum in Versuchung gerät, das Wasser zu schlucken. Natürlich fördert das Salz auch die Zersetzung unseres Stuhlganges. Dass man, wenn man aus dem Wasser kommt, sich mit Süßwasser tüchtig abduschen sollte, erklärt sich von selbst, das Salz und andere im Wasser herumschwimmende Gegenstände jucken sehr unangenehm auf der Haut. Die Füße des Nächsten zu küssen, dürfen Sie dann dem Papst überlassen, sollten es selber aber nicht austesten!

Die Moral von der Geschichte, lesen Sie Ihren Reiseberater gut aus. Wenn Sie eine Frau sind, dann nehmen Sie doch gleich am besten den attraktiven Reiseberater mit in den Urlaub, bzw. wenn Sie ein Mann sind, die Reiseberaterin, oder natürlich auch exotischere Paar-Varianten, auf jeden Fall sind Sie nun sicher, dass Ihr Urlaub ein voller

Erfolg wird. Für die Wahl des Reisebegleiters sind Sie dann allerdings selbst verantwortlich.

Nach so einem Urlaub haben Sie vermutlich Ihren persönlichen Vordenker gefunden, wenn nicht, ja dann wenden Sie sich doch einmal an

Uli Winkler, ehemaliger Grenzbeamter, pensioniert, aus der DDR

Uli, heute 67 Jahre alt, war zu seinen besten Zeiten Grenzbeamter und arbeitete an der Grenze zur faschistischen BRD. Heute genießt er sein Rentnerleben im wiedervereinigten Deutschland. Natürlich spricht er nicht oder dann nur sehr ungern über sein ehemaliges Berufsleben. Wie tausende seiner sozialistischen Genossen ist er heute Mitglied bei den LINKEN und kämpft gegen den hier allgegenwärtigen Kapitalismus. Unter den Genossen ist man sich einig – die Zeit vor 1989 war eben doch die richtige und bessere Ära. Da war Uli, der Prachtkerl, noch wer! Da konnte man so richtig fies die jeweiligen Grenzübertreter nach Strich und Faden schikanieren. Diesen faschistischen Arschlöchern, weiß der Kuckuck, was die im paradiesischen Sozialstaat wollten, konnte man so gehörig Angst einflößen, bis ihnen der Schweiß von der Stirn tropfte oder sich der eine oder andere der Kontrollierten sogar in die Hosen machte. Höchste Befriedigung im Berufsleben war das. Nach Feierabend konnte man sich dann schallend lachend auf die Schenkel klopfen und sich selbst feiern. Da war doch, erinnert sich Uli wehmütig, ein kapitalistischer Großkotz am Grenzübergang. Nervös lief er wie ein Tiger im Käfig hin und her, während wir ihm genüsslich die Polster im Auto ausbauten. Uli schaute kurz

auf und bedeutete ihm mit hochgehobener gegen ihn gerichteter MP, indem er laut schrie: „Stillgestanden!"
Dieser erstarrte und begann schon mal zu schwitzen. Die ganze Prozedur wurde von Uli und seinen Kollegen genossen und in die Länge gezogen. Derweil sich der Großkotz wieder etwas erholte, sich selbst vergaß und unbewusst wieder zu tigern begann. Jetzt kommt der große Moment für Uli. Er klaubt eine weiße Kreide aus seiner Hosentasche und malt geschickt einen Kreis von 60 Zentimetern Durchmesser auf den Asphalt. „Hereinstehen!", schreit er nun den Kapitalisten an. Dann richtet er seine MP auf den Mann und lässt keinen Zweifel an seiner Aussage aufkommen: „Ein Schritt aus dem Kreis und ich knalle dich, du kapitalistische Sau, ohne weitere Warnung ab!" Beim Kapitalisten färbt sich die Hose vom Schritt Richtung der Füße langsam dunkel und die Beamten kichern. Nachdem nichts Verdächtiges gefunden wurde, befiehlt man dem Opfer, sein Gefährt wieder in Ordnung zu bringen. Nochmals ein Genuss! Der Geschäftsmann, welcher seine Krawatte zwischenzeitlich gelockert hat, baut die Polster schweißgetränkt und mit nasser Hose umständlich wieder ein, schließlich hat er so etwas noch nie tun müssen. Was denken Sie als geneigter Leser? – Eine Sauerei!

Ja, natürlich würde man nun gerne so einem ehemaligen Grenzbeamten gehörig die Leviten lesen und ihm vielleicht auch einmal so richtig Angst einflößen, bis er sich in die Hosen macht. Vergessen Sie es augenblicklich, natürlich gab es Tausende, welche ihre Jobs schadenfreudig ausübten, nur haben sich alle auf mysteriöse Weise in Luft aufgelöst. Es gibt sie schlicht nicht. Und wenn doch, dann treffen Sie diese als Rentner im Aldi an, wo sie zusammen mit ihren Ehefrauen einkaufen und sich laut über anscheinend angefaulte Bananen beschweren. Eine MP dürfen sie aber zum Glück nicht in das Geschäft mitnehmen. Wie früher, in den goldenen Zeiten, machen sie sich aber auch jetzt nicht besonders beliebt.

Vielleicht sind Sie ja ehemaliger Grenzbeamter, dann haben Sie in Uli wohl Ihren Vordenker gefunden – noch nicht? – ja, dann versuchen Sie es doch einmal mit

der Panzerbauer & Co.

Stellen Sie sich vor, lieber Leser, in der heutigen Zeit würden plötzlich alle Waffenfabriken dieser Welt ihre Produktion einstellen. Einfach den Laden schließen und aus die Maus! Natürlich gingen die Kriege eine Zeitlang weiter im Orient oder in Afrika, aber das Arsenal würde immer dünner und dünner bis sich die Krieger, wenn sie dann noch Lust dazu hätten, schlussendlich mit selbst geschnitzten Holzkeulen die Köpfe einschlagen müssten. Ich garantiere, die Lust auf diese Art noch weiter zu machen, würde dahinschmelzen wie der Schnee im Spätfrühling. Wenn man nicht mehr aus technisch raffinierter und sicherer Deckung heraus vollautomatisch durch Knopfdruck ganze Häuserzeilen von biederen und unschuldigen Bürgern, Frauen und Kindern zertrümmern kann, ja dann macht die Chose ja wirklich kein Spaß mehr!

Bestürzt rufen unsere feinen Politiker für Syrien oder wo auch immer nach einer Waffenpause auf, nach einem Korridor ins Kriegsgebiet, damit man die armen und gebeutelten Seelen, die Frauen und Kinder wenigstens mit dem Allernötigsten versorgen kann. Wer hat schon Lust, gegen eine Stadt zu kämpfen, in der kein Widerstand mehr geleistet wird, weil hier gar keine Menschen mehr leben? Wer will schon mühsam und mit einem Handpickel bewaffnet ganze Häuserzeilen einreißen, beziehungsweise wegpickeln?

Da hat die Menschheit ein Gewissen, das aufbegehrt und das nicht gewillt ist dem Elend weiter ins Gesicht zu schauen, auch wenn all die Grausamkeiten in den Tagesthemen durchaus ein gewisses wohliges Prickeln beim Luxus verwöhnten Zuseher verursacht. Endlich, ja wunderbar, wenn die schon Pause machen, dann könnten sie ja eigentlich gleich ganz stoppen mit dem Horror und wir hätten wieder Frieden.

Frieden? Ja, seid ihr denn von allen Geistern verlassen meinen nun die seriöse Waffenindustrie und die Panzerbauer & Co. Da gibt es doch tatsächlich Naivlinge auf dieser Welt, die glauben, man hätte das Feuer eingestellt, um bei den armen Teufeln humanitär tätig werden zu können. Zum Totlachen, natürlich braucht man die Pause, damit man das Waffenarsenal wieder ungestört toppen kann. Aber seriöse Waffenhändler liefern nicht gratis, Waffen gibt es nur gegen Bares direkt in die Kralle der Lieferanten. Nur leider wächst kein Geld aus dem Boden der Elendsviertel, jemand muss den Mammon schon herschaffen. Ja, sehen Sie, geneigter Leser, dafür brauchen wir eben den sicheren Korridor, durch den die humanitären Organisationen den gewagten Transport von Dollars nun verantworten können. Vielleicht fragen Sie sich nun, wo denn diese Hightech-Fabriken zu finden seien. In Deutschland, in der Schweiz, in Frankreich, in Großbritannien, in Italien, in den USA wie in den meisten friedlichen Wohlstandsländern dieser Welt. Nur in den Ländern, welche vom Krieg betroffen sind, gibt es sie dann nicht.

Jetzt wird die Sache etwas schwieriger. Wenn Sie nun nämlich auf die Suche nach einer Waffenfabrik gehen, werden Sie keine einzige Unternehmung auf dieser Welt finden, welche bestätigt, dass sie zu den Zulieferern in Kriegsgebiete gehört. Wo käme man da hin, man liefert doch nicht Waffen an Charakterlumpen, welche mit diesen Waffen gar Menschen töten wollen, schließlich ist man für den Frieden. Man liefert demnach nur Waffen an Länder, welche sich mit diesem Arsenal verteidigen wollen, obwohl sie die Waffen gar nie brauchen werden, weil niemand ein Interesse an einem Angriff hat.

Da hat doch der etwas exotische Präsidentschaftskandidat Trump, welcher für das Amt in den USA kandidiert, kürzlich die Frage gestellt: „Für was stellen wir eigentlich für Billionen von Dollars Atomwaffen her, obwohl wir wissen, dass wir diese gar nie einsetzen können?“ Diese Waffen kann man nämlich nicht mal probeweise in irgendwelchen unterentwickelten Ländern ausprobieren, da deren Schlagkraft sich eben interkontinental auswirkt und nicht nur irgendwelches überflüssiges Gesindel trifft. Da hat der Herr Trump eigentlich schon Recht, auch wenn ihm dann die Medien vorwerfen, er werbe für den Einsatz von Atomwaffen, der Böse!

Also, jeder Waffenhersteller auf dieser Welt sollte eigentlich vor Gericht gestellt werden und wegen beabsichtigter aktiver Beihilfe zum Massenmord verurteilt werden. So ist das nun mal, da lässt sich nichts schönreden. Auch wer da arbeitet und sich dafür bezahlen lässt, macht sich natürlich mitschuldig. Rein die äußerst faule Ausrede, man würde keine Waffen herstellen, mit denen getötet würde, oder wenn doch, dann würden nur die richtigen getötet: „WER SIND DIE RICHTIGEN?“

Als Berufsmilitarist sind Sie vielleicht aus Gründen des Selbstschutzes an einem Vordenker aus der Waffenproduktion interessiert? Ja? – aber leider sind Sie kein Berufsmilitarist – kein Problem, was nicht ist kann noch werden. Melden Sie sich als:

Berufsmilitarist

Eine sehr empfehlenswerte Karriere. Geregelte Arbeitszeiten, sicheres Salär, kostenlose Arbeitskleidung, freie Verpflegung und das permanente Recht, junge, leichtgläubige Menschen so richtig und ungestraft zusammenstauchen zu können. Jederzeit loszubrüllen, wenn es einen gerade dazu gelüstet. Haben Sie schon einmal einen gefrusteten Obersten erlebt? Nein, natürlich nein, schließlich gibt es kein gesünderes Mittel, als aufkommenden Frust sofort mit lautem Brüllen wieder loszuwerden, in dem man nichtsnutzige Soldaten so richtig in den Senkel stellen kann. HAB ACHT!!! – und schon stehen die Lümmel stramm und zittern vor Angst. Da hat dann die Frau Oberst nach Feierabend sicher Verständnis dafür, dass nicht ganz alles stramm steht beim lieben Mopsimann. Dafür darf sie dann beeindruckt und unter grenzenloser Bewunderung für ihren Mopsi zum hunderttausensten Mal die immer gleichen täglichen Heldengeschichten von ihrem Göttergatten anhören. „Denen habe ich es heute gezeigt, da muckt keiner auch nur mit dem kleinen Finger auf!" Toll!

Aber was macht denn so ein Oberst den lieben langen Tag außer herumbrüllen und Formulare ausfüllen? Nichts, gar nichts – nada! Irgendwo dürfte zwar stehen, dass so eine milliardenteure Armee eben den Ernstfall übe. Einen Ernstfall also, den es längst nicht mehr gibt, bzw. wenn es ihn noch gäbe, würde den Obersten dann das Brüllen gründlich vergehen. Zum Glück gibt es in fernen Drittweltstaaten immer noch einige Ewiggestrige, die doch tatsächlich für die TV-News aller Welt imponierend mit veralteten

Kalaschnikows herumballern, nachdem sie sich zuvor für die TV-Kamera die Frisur noch kurz in Ordnung brachten. Das ist dann der beste Ausweis einer Existenzberechtigung für UNO-Blauhelme und natürlich – auch die Existenzberechtigung für die milliardenteuren Armeen der Wohlstandsstaaten. Sicher werden bei dieser Gelegenheit dann auch die in den USA oder Europa hergestellten Raketen neuester Bauart getestet. So ergibt sich dann auch eine telegene Trümmerszene für die herumballernden Jungs! Dass dabei tausende von Kindern, Müttern, Omas und Opas draufgehen, ja das ist dann eben Krieg, oder Lateralschaden, wie es so schön heißt. Ein Krieg, an dem sämtliche Armeen der Welt nicht das Geringste ändern können.

Irgendwann werden die Obersten mit ihren dicken Ranzen vielleicht einmal merken, dass sie völlig nutzlos sind. Krieg geht heute nämlich längst anders und nennt sich TERROR. Was wollen all die Armeen der Welt gegen Terroristen verrichten, welche sich Sprenggürtel um den Bauch schnallen. Sollen die vor dem Obersten stramm stehen, bevor man sie exekutiert? – Ja? – eben nein, das tun Sie, wenn sie von einer gehörigen Menschenmenge umgeben sind, dann schon selbst. Dazu braucht es keine Obersten und kein Exekutier-Kommando, zudem ist inzwischen die neuste Bauch-Sprengstoffgürtel-Mode in einer entsprechenden Menschenmasse weit wirkungsvoller als selbst modernste SAM-Boden-Luft-Raketen.

Da die Gehirne von Militärköpfen sehr zäh durchblutet sind, können Sie vorläufig noch durchaus das Militär als Vordenker wählen, so schnell wird sich hier nichts ändern, auch weil die Waffenindustrie schließlich auch leben will, aber das hatten wir ja schon.

Die Idee gefällt Ihnen trotzdem nicht, dann wenden Sie sich doch

den privaten TV-Stationen wie RTL und Co zu.

Hier wird die Werbung, was wären wir ohne sie, doch gelegentlich durch tiefsinnige Beiträge ergänzt oder wenn Sie die Sender fragen würden, hieße es: „Durch tiefsinnige Beiträge bereichert! Da wären zum Beispiel junge Menschen, die ganz nahe zueinander in Wohngemeinschaften leben und Abend für Abend furchtbaren Knatsch haben. Hier kann der geneigte Leser seinen Wortschatz entscheidend bereichern oder ergänzen!
Also, was einmal toll oder prima war, ist heute geil, great oder praktisch immer cool. Was früher geschmeckt hat oder lecker war, ist heute tasty, cute oder affengeil. Die allabendlichen Auseinandersetzungen sind dann gespickt mit: bekloppt, bescheuert, beschissen, fuck. Natürlich ist das alleinige Thema Geld, Sex und Liebe. Dabei ist alles scharf, heiß oder dreht sich ums Bumsen. Hauptsächlich bei den Jungs gibt's eins auf die Eier und gegenseitig geht man sich auf den Sack. Überaus spannende Episoden mit entsprechenden Einschaltquoten oder eben mit Massen, die hier vordenken lassen, alle können hier eingeordnet werden. Sie dürfen also Ihr Hirn ganz ausschalten, nicht einmal mitdenken müssen Sie, weil die Produzenten dieser Scheiß-Serien, oh je, sorry, dieser anspruchslosen Filmchen, auch an gar nichts denken, wenn man einmal die Einnahmen aus den Werbespots ausklammert.

Wäre das schon alles, könnte man getrost von wenig attraktiven Vordenkern sprechen. Aber nein, den lieben langen Tag übersprudeln uns diese Werbesendungen immer wieder unterbrochen mit Filmchen über Polizei-Patrouillen oder Privatdetektiven, in denen es sich um weltbewegende Dinge dreht, die ans Herz gehen. Es wird betrogen, gelogen, gestohlen, übel nachgeredet, fremdgegangen, gequält und es wimmelt nur so von Stalking. Für Voyeuristen das Paradies auf Erden. Ach, was haben die für Probleme, da geht es uns ja gerade wieder gut oder wenigstens besser, zum Jammern muss ja auch noch etwas zurückbleiben. TV-Anstalten, die auch in den News-Sendungen wissen, was uns bewegt. Zum Beispiel wie rund schon das Bäuchlein der Prinzessin Großerbse ist oder wer schon wieder mit wem flirtet. Ganz wichtig ist natürlich die Vorliebe von Filmstar Grauhaar zu Perlkartoffeln und Sauerkraut – schauen Sie doch mal diese furzgewöhnliche „Heute-Sendungen" an, dann entgehen Ihnen all diese wirklichen Fakten des Lebens. Wenn Sie also mitreden wollen, ja dann haben Sie ihren Vordenker endlich gefunden! Nein, oh je dann

wäre da noch die pharmazeutische Industrie.

Hier findet sich jemand zuhause, der gnadenlos auf Stutz aus ist, egal wo der Mammon herkommt oder wie er generiert wurde. Das Wort, wie er verdient worden ist, darf hier selbstverständlich nicht angewendet werden, dazu müsste man ja vorerst einmal jemand mit etwas nützlichem **dienen,** bevor man **ver**dienen kann! Natürlich sind Pharma-Fritzen äußerst intelligent und denken, wenn sie gerade einmal nicht an abgezockte Milliarden denken, hin und wieder auch mal an den Konsumenten. Die Marketing-Boys der Pharma machen sich natürlich Gedanken darüber, wer denn schlussendlich die Tonnen von Pillen fressen soll. Die Supervermarkter haben nämlich herausgefunden, dass die Massen der Medikamente nicht etwa von 16- bis 26-jährigen feinmotorigen Mädels geschluckt werden. Nein! – Vielmehr, darauf muss man erst einmal kommen, ist es eher die PLUS-SECHZIGER Generation, welche hier zu-, bzw. eben daneben langt. Für diese Alten stellt man nun die Pillen in Mikro-Größen her, um ihnen das herausklauben der Pillen aus der Aluminium-Ummantelung möglichst zu erschweren. Die Alten versuchen nun mit zitternder Hand vergeblich die winzig kleinen Dinger im Badezimmer aus der Ummantelung herauszuholen. Munter purzeln die Pillen in der Folge den Gully herunter – d a s macht Umsatz!

Stellen Sie sich bitte vor, mit Mikro-Pillen spart man Tonnen von wirkungslosem Stärkemehl, für die Herstellung eines handlicheren Medikamentes. Weiter werden mit Logistik-Einsparungen weitere Millionen verdient. Der Verbrauch aber an das ältere Zielpublikum wird verzweifacht bis verdreifacht. Die verunreinigten Kläranlagen, bzw. deren Reinigung von den Chemikalien mit entsprechendem Gegenmittel aus den Chemielabors zahlt dann ja der Steuerzahler und die Chemie generiert neue Millionen.

Was offenbar unmöglich ist, gelingt hier doch, das Perpetuum Mobile ist erfunden! Da stellt die Chemie-Industrie gegen gutes Geld Chemikalien her, welche dann die Umwelt massiv schädigen. Zum Glück aber verfügen die Konzerne über gewaltig große Forschungsabteilungen, in denen dann wieder ein Gegenmittel für die Bewältigung dieser Schäden entwickelt wird. Natürlich werden diese Neuheiten dann, wegen der enormen Forschungsaufwände, entsprechend sauteuer verkauft. Das Geschäft kann also rollen und rollen und rollen und …

Für dieses System eignet sich aber nicht nur die Umwelt, auch der Mensch ist ein geeignetes Experimentierfeld. Wenn die Tonnen von Pillen, welche nicht den Gully heruntergerollt sind, dafür nun die Nieren der Patienten kaputt machen, so geht der Auftrag an die Forschung, doch eine geeignete, mikrokleine Pille zu erfinden, welche die Nieren der Betroffenen wieder gesund und die Chemische-Industrie noch reicher macht, usw.

Sie haben hier endlich Ihren idealen Vordenker gefunden? Oh je – immer noch nicht, ja, dann wenden Sie sich doch einmal an

die Verpackungsdesigner

Abnehmende Sehschärfe ist leider ein Prozess, von dem Jeder mit zunehmendem Alter betroffen ist, was mit einer Brille teilweise korrigiert werden kann. Ziemlich hoffnungslos wird die Angelegenheit dann, wenn sogenannte Verpackungsdesigner am Werk sind und vor dem Computer sitzen.

Da wird mit modernster Software an neuen Verpackungen getüftelt. Es werden Psychogramme entwickelt über die Wirkung von unterschiedlichen Farben auf die Konsumenten. Wie groß darf die Verpackung sein, welche Form soll die Schachtel haben, was für Bilder törnen zum Kauf an. Welchen Namen soll das neue Produkt haben? Welche Namen sind zurzeit in? Mit einer Bildschirmeinstellung von 400% werden nun die Schachteln beschriftet, schließlich müssen wertvolle Tipps an den Konsumenten weitergegeben werden welche sich in der 3-D-Ansicht aus jeder Position prächtig machen.

Ein Beispiel einer Beschriftung am Bildschirm, Größe 400% in verführerischer Ton in Ton Einfärbung, die den Kaufentscheid positiv beeinflussen soll!

Nach dem Entfernen der Versiegelung, das Produkt bitte umgehend verbrauchen

Auf der Verpackung zeigt sich dann der Super-Designer-Entwurf 1:1 wie unter abgebildet

Besonders gut macht sich dabei auf dem beleuchteten Bildschirm die glänzende orange Beschriftung auf rotem Grund mit dezenter Schattenbildung.
Später im Verkaufsregal finden sich dann leider ganz normale Konsumenten ein – und nicht etwa geübte Bergadler. Brillenträger verzichten deshalb besser schon im Voraus darauf, Entzifferungsversuche zu machen. Leider kann man den Konsumenten nicht anraten, solche Produkte, zum Beispiel bei Lebensmitteln, ganz zu meiden, die meisten würden dabei vorerst die Pauke abbauen und tatsächlich etwas beweglicher werden, bevor sie dann schließlich schlicht verhungern würden. Ein trauriges aber wahres Alltagsbild, das Sie wohl kaum bewegt die Verpackungsdesigner als Ihr Vordenker zu wählen. Ja? – Sehr gut dann wählen Sie doch sich selbst als Vordenker und verzichten auf das Denken lassen.

Sie selbst als Vordenker

sind für eine harmonische Gesellschaft hier und heute bitter notwendig. Eine wieder selbstdenkende Allgemeinheit reagiert weder stur links, genauso wenig wie notorisch rechts und stellt fest, dass man ja auch geradeaus gehen kann. Und weil ein unendlich langer und schnurgerader Weg einschläfernd und langweilig wirkt, bringen immer wieder Kurven in alle Himmelrichtungen die nötige Abwechslung und den nötigen Abstand zur Sache.

Und wenn die Bundeskanzlerin individuelle 80-Millionen Mal gesagt hätte:
„Ja **Sie**, genau **Sie** können das schaffen, dann wüssten wir endlich wer die Kanzlerin denn mit dem **Wir** gemeint hat! Zu hoffen wäre, dass Frau Merkel mit dem **Wir** in erster Linie sich selbst gemeint hat. Wenn nun noch 41 Millionen weitere Menschen selbst zu denken beginnen und dabei unter dem **Wir** eben sich selbst verstehen – ja dann findet Deutschland als Staat tatsächlich den richtigen Weg.

Jetzt können wir uns sogar 39 Millionen Mitbürger leisten, die bequem denken lassen. 41 Millionen selbstdenkende Mitmenschen werden es richten (richten kommt von richtig) und am Ende dann sagen können:

WIR HABEN ES GESCHAFFT!

ENDE